G. Couture

PLAISIR ET LANGAGE

© Editions Universitaires, Jean-Pierre Delarge, 1980

Distribution : Diffusion France-Amérique, 170 Benjamin Hudon, Montréal, H4N 1H8.
Tél. : (514) 331-8507.

ISBN 2-89001-075-9

FRANÇOISE ESTIENNE

Plaisir et langage

DE LA CRÉATIVITÉ A L'ÉCOUTE
DE L'ÉCOUTE A LA CRÉATIVITÉ

JEUX DE LANGAGE

précédés d'une réflexion sur la notion
de rééducation du langage écrit

*La publication de cet ouvrage a été encouragée
par une subvention accordée au titre de la coopération franco-québecoise*

jean-pierre delarge
éditions France-Amérique

A André,
qui est pour moi écoute et créativité

Aux Stagiaires de Licence en Logopédie et aux Enfants et Adolescents qui m'éduquent et me rééduquent en permanence et qui m'apportent un plaisir que j'espère partagé.

TABLE DES MATIÈRES

Qui a jamais pensé que les mots n'étaient que des mots...

La parole est l'un des premiers jouets ; C'est aussi un jouet qui se prête à une créativité infinie.

J. M. Caré et F. Debyser (1), p. 8.

Voir l'au-delà des choses entendre le chant profond des mots, chercher plus loin que la source de la source, c'est ouvrir à l'infini un éventail d'arc-en-ciel...

G. Vattier (2), p. 8.

Comment un musicien pourrait-il avoir avec son instrument des rapports différents que doivent entretenir deux amis, complices espiègles d'une aventure ?

G. Vattier (2), p. 7.

Il n'était qu'à voir certains enfants écrivant. Si la torture fait jouir, voici là un spectacle de choix.
Le geste même faisait mal. Des mains tordues dans des positions imprévisibles, aucune détente dans le mouvement, une contracture douloureuse.
Dans quel étau se trouvait donc intérieurement le petit scripteur. Ceux-là même que, sur le terrain de jeux, je voyais accomplir des prouesses, semblaient dépenser, plume en main, une énergie hors de proportion avec l'effort physique réel. L'oscillation douloureuse en eux entre la nécessité de poser chaque lettre et l'impérieux désir de sortir hors des barreaux de leurs hampes et jambages épuisait toute leur énergie dans la contradiction.

E. Bing (3), p. 38.

Le plaisir partagé est le fondement de toute expérience sociale, l'origine du langage. Il permet la découverte de soi-même et des autres, le développement par l'apparition de désirs nouveaux. Il est le moteur du changement.

M. Pagès (4), p. 34.

19

AVANT-PROPOS

Je voudrais qu'avant de poursuivre sa lecture, le lecteur s'imprègne des épigraphes précédentes.

Ces épigraphes constituent les pôles de ce livre où après une réflexion concernant la notion de rééducation du langage écrit, je propose des jeux de langage créés et adaptés de connivence avec les « dyslexiques ».

Ces jeux de langage, à la fois structurés et fantaisistes n'ont de sens qu'insérés dans les principes :
— du plaisir et de la créativité,
— du décadrage et du paradoxe,
— de l'égalité et de la réussite.
que nous développons plus loin.

Avertissement au lecteur

Cet ouvrage envisage la rééducation avant tout sous son aspect relationnel, par conséquent, les théories exprimées par l'auteur mettent davantage l'accent sur l'aspect communication que sur l'aspect apprentissage ce dernier n'en est évidemment pas exclu.

INTRODUCTION

LA NOTION DE RÉÉDUCATION DU LANGAGE ÉCRIT

Plaisir et langage,
De la créativité à l'écoute, de l'écoute à la créativité.
Jeux de langage...
Pour qui, pour quoi et pourquoi?

Une méthode de plus pour embrigader les enfants et les adolescents dits « dyslexiques », pour soi-disant les appâter, les faire entrer bon gré mal gré dans les normes, pour essayer coûte que coûte de les motiver, de leur tendre la carotte pour mieux leur faire sentir le bâton?

Une méthode de plus pour leur faire réaliser leurs difficultés, les y enfoncer en leur proposant précisément ce qu'ils ne savent, ne veulent ou n'aiment pas faire?

Une méthode de plus pour renforcer leur dégoût, leur refus? Dégoût et refus qui peuvent prendre de multiples formes : de l'opposition franche, preuve de santé et combien salutaire au rééducateur, à la passivité larvée sous le signe de l'acquiescement inconditionnel et combien désespérant du « comme vous voulez », « ça m'est égal ».

Quel rééducateur ne connaît de ces enfants et adolescents présents de corps mais étonnamment absents. De ces enfants soumis qu'on (*) vient vous déposer ponctuellement pour subir une rééducation destinée « à

_____
(*) Les on ne sont pas fortuits.

soigner leur dyslexie », qu'on garde pendant le temps requis en étouffant quelque baillement ou en regardant sa montre... enfant qu'on gave selon un programme bien établi et combien logique, basé sur ce qu'il doit ou devrait savoir et non sur ce qu'il veut ou aurait envie de savoir.

Un examen subi en bonne et due forme constate les manques, les trous, les erreurs : l'enfant confond tel ou tel phomène ; les rapports phonético-graphiques les plus simples ne sont pas intégrés, il ne sait vraiment pas encore lire... travaillons là-dessus, sortons nos batteries, faisons toujours plus de la même chose pour mieux enfoncer le clou.

Pour lire — ça va de soi — il faut connaître au moins les lettres et les assembler pour en faire des mots. Le dyslexique n'en est pas encore à ce stade ? Commençons donc par là. Comment imaginer qu'on puisse tenir compte des intérêts de l'enfant si cet enfant ne sait même pas déchiffrer correctement car, cra, arc, rac.

Et nous voici embrayés dans le système à coups de tableaux, de plans, de répétitions, de bachotage. On tourne autour de la faute, c'est la chasse à l'erreur, à l'ignorance. Il faudra bien que ça entre. Plus on répète, plus on tripote les fautes, plus le fossé se creuse entre l'enfant, l'adolescent, le rééducateur et le langage. La résistance s'installe. L'habitude aussi. Et on insiste et je résiste... très gentiment, juste assez pour mieux les attraper.

La rééducation au lieu d'être une occasion de rencontre, de communication réelle dans la détente et le plaisir se réduit à un stratagème — dans le sens de Berne (5) — entre deux personnes qui ne sont pas sur la même longueur d'ondes. La distance s'accroît d'autant plus que le silence est gardé et que la situation n'est pas clarifiée.

On en arrive (bien l'impersonnel) à envisager la rééducation comme une série de techniques à appliquer plus ou moins systématiquement et qui — croit-on — sont destinées à combler les lacunes, plutôt qu'en termes de croissance personnelle, d'épanouissement, de communication créative.

Le ou les symptômes, sous les reflets du projecteur, gardent l'avant-plan de la scène et jouent les rôles principaux alors que tout au plus ils ne sont que des éléments du décor.

Par ailleurs si l'on invoque l'acte de lire en soi et l'apprentissage de la lecture pour établir comme condition sine qua non qu'il faut commencer par les rapports phonético-graphiques en initiant l'apprenti-lecteur au mécanisme du déchiffrage, ne fait-on pas fausse route également ?

Lire c'est apprendre à faire des hypothèses et à les vérifier. C'est donc une activité créatrice, et non passive, qui s'inscrit à l'intérieur d'un projet (*).

(*) Voir bibliographie : Charmeux, Foucambert, Lentin, Richaudeau... (6) ➔ (13)

Mais de quel projet s'agit-il ? Qui en décide ?

Quel projet, en effet, pourrait avoir l'enfant pour qui les clés de la lecture consistent à apprendre successivement une série de lettres correspondant plus ou moins à une série de sons à partir d'exercices imposés à heures fixes à une classe entière souvent surpeuplée.

Apprendre à lire et à écrire ne peuvent être des activités extérieures à l'enfant, étrangères à ses centres d'intérêts (**). Comme le souligne Foucambert (9) : « l'apprentissage est une modification d'ensemble continuelle du sujet par lui-même pour donner une réponse à tout moment adaptée à son développement interne et aux sollicitations externes » p. 24.

Dans cette optique les apprentissages ne peuvent s'exercer isolément. « Ils se construisent simultanément dans le développement de la personne entière. Apprendre à parler et parler c'est apprendre aussi les rapports entre les êtres, les rapports avec les choses, mais c'est en même temps les avoir déjà appris, à tout le moins être déjà en train de les apprendre » (9). p. 28. « Apprendre à marcher, c'est aller vers sa mère, un jouet, le chien : vers tous, sinon l'on boitera toujours un peu. Cette construction simultanée conduit en dernière analyse à dire qu'il n'y a d'apprentissage que dans la conquête et la maîtrise du milieu complet, dans des situations vraies obligeant l'individu à réagir complètement et à s'investir sur tous les plans. On n'apprend pas en faisant semblant sauf à faire semblant » (9). p. 28.

L'enseignement ne peut dès lors prétendre construire de l'extérieur : « l'enfant est le maître d'œuvre, il utilise les apports à l'intérieur de son projet ; il les intègre plus ou moins complètement en les transformant ; cette construction est son œuvre propre, il l'édifie en même temps qu'elle le transforme. Il s'agit toujours de la création continuelle d'un être entier par lui-même et les apports extérieurs ne sont que des propositions dont on ne peut connaître exactement l'effet » (9) p. 29-30.

Dans cet ordre d'idée nous rejoignons Chassagny lorsqu'il écrit que « le savoir systématique n'est qu'une copie qui ne permet que très rarement au génie de naître. Or, tous les enfants en ont. Souvent par des voies qui sont les leurs, ils parviennent plus rapidement à la solution recherchée peut-être que nous-même. » (15) p. 197.

La rééducation :

que signifie-t-elle ?
quelle est sa place ?
comment la concevoir ?
ce terme a-t-il un sens ?

(**) Voir Freinet C., *La santé mentale de l'enfant* (14).

que faut-il faire ou plus fondamentalement

qui faut-il être ?

Je répondrai à ces questions en fonction de mon évolution, fruit d'une maturation personnelle au contact des enfants et adolescents dyslexiques, en fonction aussi de la lecture de livres qui m'ont marquée et dont je rapporte ici des extraits, en fonction également d'une formation psychologique au travail de groupe et à l'entretien individuel, d'une remise en question fructueuse suscitée par les évaluations, discussions, travail avec les étudiants et les stagiaires de licence en logopédie que je remercie de tout mon cœur.

C'est dire que ces lignes s'inscrivent à un moment de cette évolution sans regretter ou renier ce que j'étais hier, sans préjuger de ce que je serai demain, un demain enrichi des expériences d'hier et d'aujourd'hui.

Disponibilité, attente, recherche, essai, créativité sont pour moi des mots clés.

La rééducation que signifie-t-elle, quelle est sa place, comment la concevoir ?... J'avoue que je suis perplexe devant l'amas d'idées contradictoires qui le plus souvent ne reposent que sur des hypothèses sous-tendues par différentes idéologies concernant la dyslexie et ses formes, les moyens d'y remédier.

Y a-t-il de vraies ou de fausses dyslexies ? S'agit-il d'un trouble essentiellement instrumental d'origine génétique engendré par un dysfonctionnement cérébral mineur ; est-ce plutôt un trouble fondamentalement psychologique ? Existe-t-il une approche différente selon l'une ou l'autre version ?

Il suffit de parcourir la littérature consacrée à ce sujet pour s'apercevoir que la plupart du temps les auteurs se cramponnent à leur conception ignorant ou niant les autres ou encore s'opposant aux autres sans songer à entrer dans l'univers de l'autre et surtout dans l'univers de l'enfant ou de l'adolescent en difficulté, ce qui permettrait de réaliser que toutes ces explications loin de se contredire finissent par se compléter.

Ceci me fait songer à la boutade suivante : une nuit un homme seul tourne autour d'un réverbère. Un autre s'approche : « vous avez perdu quelque chose ? — oui, répond le premier, mes clefs — et ils cherchent ensemble. Au bout d'un moment le second : « vos clefs ? Vous êtes sûr de les avoir perdues ici ? — non, là-bas, mais là-bas on n'y voit rien. (16) p. 1 ou encore aux aveugles qui rencontrent un éléphant : le premier touche la patte et dit que c'est un poteau, le deuxième l'oreille et dit que c'est une feuille, le troisième la trompe...

En fait ces explications ou interprétations partielles qu'on donne de la dyslexie et des troubles de l'apprentissage ne sont pas contradictoires. Un dysfonctionnement cérébral mineur d'origine congénitale ou acquise peut engendrer des troubles instrumentaux qui eux-mêmes peuvent avoir des

28

répercussions sur le développement affectif. Des troubles affectifs peuvent à leur tour immobiliser l'enfant à un stade de son évolution et engendrer des troubles somatiques, instrumentaux avec leurs répercussions scolaires et ainsi de suite. (l'éternel cercle vicieux en spirale).

Ces tendances explicatives vont se refléter dans les moyens mis en œuvre pour dépister ces troubles et y remédier. D'où la multiplicité des approches, la confusion et la perplexité des rééducateurs qui ne savent plus qui, ni que croire.

De là un certain malaise (salutaire) devant les diverses méthodes proposées.

Si l'on se cantonne aux méthodes (du grec meta-vers, odos (voie) — manière de dire de faire, d'enseigner une chose suivant certains principes et avec un certain ordre, façon d'agir — deux grandes tendances se dégagent et entre les deux un certain panachage :

La première peut s'appeler hyper ou ultra-pédagogie (*) Elle part du langage ou plus encore du trouble de langage. Elle envisage surtout les symptômes — erreurs ou fautes — qui sont répertoriées de façon précise (omissions, confusions, substitutions, inversions, interversions...) Elle envisage également les troubles dits associés : déficience du schéma corporel, de la latéralité, de la structuration spatio-temporelle... (troubles instrumentaux). De là le rééducateur établit une tactique de correction selon un programme préétabli qui repose sur les bases de la logique adulte et les nécessités de l'apprentissage (aller du simple au complexe, ne prendre en considération qu'une seule difficulté à la fois, recourir à des gestes, des moyens auxiliaires tels que le dessin, la couleur, amener l'enfant à observer les différences qui existent entre deux formes ou deux sons, systématiser en recourant à des plans, des schémas, des mots-clés, englober dans la rééducation la correction des troubles associés.

Le principe de base de telles méthodes est la répétition intensive : faire plus de la même chose. Les résultats peuvent être bons dans certains cas mais souvent il y a sursaturation. Le rééducateur risque de renforcer le trouble par ancrage et dégoût. Il y a création de résistance et les acquisitions restent superficielles, d'où les rechutes à plus ou moins brève échéance (**).

La deuxième tendance est psychothérapeutique : elle part de la personne.

(*) Terme utilisé notamment par Chassagny (15) p. 12.
(**) Je songe notamment aux cas fréquents d'adolescents dyslexiques qui se présentent à la consultation vers 12, 13, 14 ans et plus alors qu'ils ont déjà « bénéficié » de rééducations intensives (parfois durant plusieurs années) quelques années auparavant.

Le principe de base n'est pas nécessairement (surtout au début) de s'occuper du langage et encore moins du trouble. Ne rien faire à ce niveau (temporairement du moins) permet un déblocage, ce qui va à l'encontre de l'ancrage, en décentrant la situation. Le rééducateur écoute l'enfant, l'adolescent, il respecte son trouble, il respecte son « non-vouloir » éventuel, il laisse l'enfant s'exprimer à son rythme selon ses moyens (dessin, modelage, négativisme, passivité, opposition...)

« Le rééducateur qui se remet en cause renonce à la démarche manichéenne simpliste qui consiste à évaluer le symptôme et à chercher à l'abattre immédiatement par des traits pédagogiques souvent usés par ses prédécesseurs : jeux de lettres, classements ; tableaux de sons, dictées, lecture désespérante ; procédé mnémotechniques etc. Mettre à distance ces moyens, comme écarter momentanément le symptôme n'est pas un renoncement. Il y aura un moment pour cela. L'enfant en difficulté est d'abord un enfant ; le rééducateur est d'abord un adulte. C'est de cette rencontre adulte-enfant en toute simplicité que naîtra la démarche vers une conciliation de leurs langages pour accéder aux symboles. L'essentiel est que chacun sache bien pourquoi il est là. » (15) p. 18.

La première tendance impose plus ou moins un savoir programmé que l'adulte croit a priori convenir pour que l'enfant apprenne enfin à lire et à écrire normalement.

La deuxième tendance établit ou tente d'établir une relation gratifiante qui va permettre à l'enfant de se prendre en charge lui-même.

Je les résumerais par deux phrases :

La maman : fais attention, tu vas tomber dans ces fleurs !

La fillette : tu te soucies des fleurs ou de moi ? (17) p. 37.

Mais si quelqu'un comprend ce que cela fait d'être moi, sans chercher à m'analyser, ni à me juger, alors je peux m'épanouir et me développer dans cette atmosphère (18).

Selon qu'il adopte l'un ou l'autre versant ou qu'il croit devoir en adopter un, le rééducateur risque de ressentir une insatisfaction qui peut aller jusqu'à la culpabilité et à l'angoisse (sentiments maintes fois exprimés lors de discussions entre logopèdes) :

Si je fais du systématique en m'appuyant sur le symptôme et programmant la rééducation, je peux me heurter à un refus de l'enfant (opposition, passivité, désintérêt...) la rééducation est subie et les résultats sont loin d'être spectaculaires (exception faite de quelques cas où l'enfant se prend vraiment en charge et où c'est lui qui dirige la rééducation.)

Si je n'en fais pas, si je me centre sur l'enfant qui peut ne rien faire du tout, est-ce que je remplis mon contrat de rééducateur ? Comment cet enfant va-t-il apprendre à lire et à écrire si je ne le fais ni lire ni écrire ; comment va-t-il se structurer si je ne le structure pas ?

Comment être sûr que je ne fais pas fausse route même si l'enfant semble

30

mordre à l'une ou l'autre approche ? Comment m'assurer qu'en n'intervenant pas directement je ne passe pas à côté du désir de l'enfant qui souhaite peut-être (même très confusément) qu'on l'aide à s'organiser par des exercices systématiques ? Comment m'assurer, si je systématise et programme la rééducation, que je n'enlise pas davantage l'enfant dans ses difficultés en renforçant une certaine passivité, en l'empêchant d'être lui-même.

Bref, le rééducateur est en mauvaise posture. Ces questions m'embarrassent car elles me donnent l'impression d'être entre deux chaises (sensation inconfortable mais salutaire) :

Vais-je décider de m'installer consciemment du côté du symptôme ou du côté de l'enfant en examinant pour quoi je penche d'un côté plutôt que de l'autre ?

Vais-je décider de courir de l'un à l'autre en essayant d'analyser ce qui me pousse à ce va-et-vient ?

Ne puis-je délibérément concilier les deux tendances en sachant pour quoi et pourquoi je m'engage dans la conciliation.

Qu'est-ce que rééduquer ?

Je commencerai à répondre à cette question à partir de réflexions sur la notion de rééducation.

Rééduquer le langage écrit c'est peut-être réparer l'outil mais davantage encore aider l'ouvrier à se servir de cet outil avec le plus de facilité, le plus d'économie et surtout avec le plus de plaisir et d'efficacité.

C'est mettre l'enfant dans un état de confiance tel qu'il puisse envisager ses difficultés avec clairvoyance, sérénité en même temps qu'on l'aide à trouver avec lui les moyens de se débarrasser de ses difficultés, des étiquettes qu'il se donne ou qu'on lui colle.

C'est dédramatiser la situation d'échec en donnant à l'enfant l'occasion de s'exprimer en manipulant précisément l'objet de son échec. C'est prouver à l'enfant qu'il est capable de lire et d'écrire, c'est une remise en place ou plutôt une redécouverte des notions que l'enfant a plus ou moins accumulées en lui mais qu'il n'a jamais su ni pu utiliser et qui à la longue se sont sclérosées et muées en dégoût.

Rééduquer le langage écrit ce n'est surtout pas doubler la dose sous prétexte que l'enfant n'est pas parvenu à digérer à l'école. C'est d'abord essayer de comprendre avec l'intéressé pourquoi il y a eu indigestion. Le plat n'était-il pas approprié parce qu'il était mal préparé, ou qu'il a été avalé trop rapidement ou que la ration était trop abondante pour un « petit » appétit ?

L'organisme de l'enfant n'était-il pas en état d'assurer la digestion parce qu'il fonctionnait ou fonctionne encore mal, faute d'éléments essentiels ou parce que le convive n'avait pas encore faim ou qu'il avait faim d'autre chose, ou encore parce qu'on lui a servi un même mets à tous les repas, si bien que sursaturé, l'enfant s'est senti dans l'impossibilité d'avaler une bouchée de plus.

Rééduquer l'enfant dyslexique c'est d'abord lui permettre de ne pas réussir à l'école ou de ne pas supporter l'enseignement scolaire en essayant de comprendre avec lui pourquoi il ne réussit pas ou ne supporte plus l'école; c'est ensuite l'inviter tout doucement, à réviser son opinion à ce sujet en lui proposant des activités de langage à sa portée et qui correspondent à ses intérêts.

Trop souvent le dyslexique n'aime pas lire et écrire parce qu'il ne sait pas le faire ou pis encore parce qu'il croit ne pas savoir ou qu'on croit qu'il ne sait pas.

Rééduquer le langage écrit c'est voir l'enfant d'abord avec ses intérêts, ses côtés positifs, le langage ensuite, sans confondre l'école avec l'enfant et l'enfant avec ses résultats scolaires.

La rééducation est une entreprise de réconciliation de l'enfant, de l'adolescent avec lui-même, avec le langage, avec l'école et les parents.

Réconciliation avec lui-même d'abord dans la mesure où le dyslexique — ce cancre de l'orthographe — parvient à décoller l'étiquette qu'on lui a plaquée sur le dos depuis des années, dans la mesure aussi où il parvient à s'accepter et à accepter les normes du langage écrit parce qu'on l'aura accepté lui-même avec ses difficultés, qu'on ne l'aura pas condamné parce que mal lisant, parce qu'on l'aura traité en adulte.

N'ayant plus à lutter pour se défendre, se faire valoir, il pourra mobiliser l'énergie, la disponibilité nécessaires pour revoir ses rapports avec le langage.

Le rôle du rééducateur sera alors d'accepter et de faire accepter que l'enfant, l'adolescent aient des difficultés, qu'ils n'aient pas ou plus envie d'apprendre à lire et à écrire. Se sentant accepté le dyslexique, sans pression aucune, de lui-même aura envie de changer.

En effet, comment un enfant qui doit constamment lutter contre lui-même, contre l'école, contre ses parents, pourra-t-il libérer en lui les forces nécessaires pour accepter le langage écrit.

Le dyslexique libéré de cette nécessité de se prouver que pour exister il ne doit pas nécessairement être mauvais ou bon élève, mais qu'il peut tout simplement être lui-même, se tournera plus volontiers vers le langage, surtout s'il est accompagné pour ce faire d'un adulte qui parvient à la convaincre qu'il est capable d'apprendre à lire et à écrire si il s'y prend d'une certaine façon et que le langage écrit n'est pas si « méchant ou si bête que cela » : « c'est marrant l'orthographe quand on nous crie pas après » (18 b) p. 143.

Rééduquer le langage écrit c'est aussi et surtout amener l'enfant, l'adolescent à mûrir, à se sentir responsable de soi-même (à la fois prêt à répondre de et à répondre à), à s'organiser. A cet égard nous aimons le terme de contrat (*).

Ce contrat librement accepté est un puissant moteur de la rééducation. Il évite l'enlisement dans la routine, les séances où plus personne ne sait qui il est, pour quoi et pourquoi il vient, les rééducations où aucun but n'est fixé, qui n'en finissent pas ou qui s'interrompent d'elles-mêmes, par lassitude.

Personnellement j'envisage la rééducation comme une RENCONTRE ENTRE DEUX OU PLUSIEURS PERSONNES (rééducation en groupes) DANS LE CADRE D'UN CERTAIN RÔLE DÉTERMINÉ PAR UN OBJECTIF PRÉCIS, OBJET D'UN CONTRAT ÉTABLI D'UN COMMUN ACCORD DANS UNE RELATION D'ÉGAL à ÉGAL (*) D'UNE QUALITÉ TELLE QUE, SUR LA BASE DE CERTAINS PRINCIPES, ELLE FAVORISE L'EXPRESSION DE SOI, LA LIBÉRATION DE LA CRÉATIVITÉ, LA RÉCONCILIATION DE L'EN-FANT AVEC LUI-MÊME, AVEC LES AUTRES, AVEC LE LANGAGE DANS UN PROCESSUS DE MATURATION AFFECTIVE ET INSTRUMENTALE QUI, à la fois, RÉSULTE DE et ABOUTIT à UNE PRISE EN CHARGE DU SUJET PAR LUI-MÊME DE TELLE SORTE QU'IL DEVIENT SON PROPRE ÉDUCA-TEUR.

RENCONTRE signifie aller vers, se rapprocher sans pour autant aller l'un contre l'autre dans l'optique de fusion ou d'opposition.

RENCONTRE à DEUX (ou à plusieurs)

Qui sont ces deux ? Que représent-ils officiellement ? Derrière eux se profilent la famille, l'école, la société... En tant que RÉÉDUCATEUR : qui suis-je ? pas un instituteur, ni un copain, ni un parent, ni un médecin qui soigne.

La rééducation n'est pas une punition, ni une école, ni une suite de leçons particulières, ni une visite chez un ami, ni une partie de jeu.

Il est indispensable que le rééducateur se situe par rapport à lui-même, qu'il sache qui il est, qu'il soit au clair et à l'aise avec ses réactions, ses désirs, ses objectifs pour éviter d'imposer ses réactions, ses désirs, ses normes à l'enfant ou à l'adolescent en rééducation ; pour éviter aussi d'avancer à l'aveuglette sans se rendre compte de ce qui se passe, de ce qu'il induit.

(*) Voir p. 22.
(*) Adulte-Adulte en termes d'analyse transactionnelle (voir p. 54 Annexe).

Quelle attitude vais-je adopter : agir, laisser faire, me laisser faire, attendre, temporiser, me retirer aller vers, proposer, m'effacer, panacher...

Il me plaît d'emprunter un passage de Hameline et Dardelin (19) : p. 80 « la non-directivité ne se définit pas par une absence de direction de la part du maître mais par une absence de directives. Se vouloir non-directif c'est assumer un projet d'influence au même titre que s'accepter autoritaire ou s'instituer agent technique de la transmission d'un savoir. Mais cette influence ne s'exerce pas selon les modalités attendues. Elle vise à rendre à chacun et au groupe un espace de libre expression et de communication spontanée ; condition psychologique d'un apprentissage durable et personnel ».

Ce point de vue est pour moi capital.

Le RÉÉDUQUÉ : qui est-il ? où en est-il ? que demande-t-il ? Comment faire la différence entre l'objet officiel de la demande et l'objet réel (souvent inavoué). Que demande-t-il vraiment, de lui-même, pour lui-même, par personne interposée ; quelle est la demande des parents, de l'école ? Comment percevoir et concilier ces demandes parfois contradictoires.

Le rééduqué où veut-il aller, lui-même, par personne interposée ? Il peut accepter « pour la forme » la rééducation (c'est plus facile, il ne risque pas ainsi de s'opposer à ses parents, il fait tout son possible, surtout pas d'histoire...) mais la refuser intérieurement ce qui aboutit à un freinage, de l'apathie, à une présence corporelle mais à une absence relationnelle... ou pis encore : il n'est même plus question pour l'enfant d'envisager un désir à ce sujet. Le rééduqué a-t-il la parole ? Lui demande-t-on son avis ? Se contente-t-il de recevoir ou le met-on dans une situation où il est libre de prendre, de saisir. « Le matériau de la pensée est bien un matériau *reçu* mais il est matériau de pensée que s'il est *pris*. Voilà la renverse où se situe la facilitation non-directive : empêcher activement de recevoir, susciter que l'on prenne » (19) p. 230. « Le matériau à apprendre est d'abord à prendre mais aussi à faire prendre comme un ciment qu'on gâche » (19).

Une rencontre dans le cadre d'un certain RÔLE.

— Rôle : ensemble diffus ou explicite des droits et des obligations d'un individu, dans un groupe social en rapport avec son statut juridique ou sa fonction dans ce groupe.

Ce que doit dire ou faire un acteur dans une pièce de théâtre, dans un film. Personnage représenté par l'acteur.

— Jouer un rôle : tenir tel ou tel rang, tel ou tel emploi.

Quelles connotations ce terme a-t-il pour moi ? Quels droits, quelles obligations me confère ce rôle ? De quel rôle s'agit-il, déterminé par qui ? En fonction de qui ? en fonction de quoi ? « Le rééducateur est-il dans ces conditions, un pédagogue ou un thérapeute au sens apporté par ces tâches aujourd'hui. Là précisément, le rôle de l'environnement est important. Il y a la famille qui investit le rééducateur d'un certain pouvoir, d'un certain savoir qui l'incline à avoir confiance ; celui qui a confiance confie à l'autre ses soucis. » « Pour les familles, et dans leur reflet, les enfants, le rééducateur devient un raccommodeur, un auxiliaire pédagogique qui a des tours dans son sac à malices qui vont réduire les confusions comme celles entre m et n, par et pra... Il y a peut-être encore des rééducateurs qui ont cette perception d'avoir un bureau-échoppe d'artisan réparateur. Mais la plupart comprennent que leur enseigne n'est qu'un paravent qui donne une signification à leur insertion sociale. » (15) p.15-16.

Comment rencontrer une personne dans le cadre d'un rôle ? Je peux être tellement soucieux de jouer mon rôle que j'en oublie la personne et que je me centre alors sur les objectifs à remplir ; tellement soucieux de remplir mon rôle que j'en oublie *ma* personne, que j'en oublie d'être moi-même, que je me borne à jouer mon personnage ; tellement soucieux de la personne que j'en oublie les objectifs ; tellement soucieux de garder l'équilibre entre les objectifs, le rôle, la personne, ma personne que j'en suis paralysé au point d'être bloqué dans ma relation. Dans quelle mesure suis-je capable d'être moi-même sereinement, consciemment, de suivre mon intuition en me détachant de toute idée préconçue sur l'enfant, son trouble, ses parents, l'école, l'apprentissage du langage écrit ?... Idées préconçues qui me dicteraient une certaine conduite à tenir.

« Le rééducateur peut déposer son masque en toute tranquillité s'il est vraiment un porteur de mots et s'il a investi sa technique, si elle fait partie de sa personnalité. L'enfant pourra alors accéder à l'écriture sous toutes ses formes, s'il ne se sent pas piégé par un adulte armé et s'il sait que celui qui est là saura le recevoir, le reconnaître ; le regarder, l'écouter, l'aider techniquement quand ce sera le moment. » (15) p. 18.

Et Pagès :

« Dans la thérapie, le thérapeute n'est plus un thérapeute freudien ou rogérien, qui agit un certain rôle social, il n'est plus même X ou Y, doté d'une certaine personnalité, jouant un certain rôle personnel, il est une personne, un je qui se définit dans l'instant ou plutôt qui agit dans l'instant et en même temps découvre qu'il agit. C'est dire qu'il abandonne, ou tend à abandonner, toutes les formes de protection que lui offrent la société ou son histoire, il est nu, sans défense, seul avec un autre homme qui est seul en face de lui... » (20) 64-65

Rééduquer n'est pas pratiquer une ascèse, une inhibition de soi, c'est au contraire, une acceptation de soi, mieux une affection de soi, un plaisir d'être soi et aussi le courage d'être soi. Rééduquer ne consiste pas à s'effacer, à abandonner sa place pour se mettre à la place d'autrui, mais au contraire, à accepter, à vouloir qu'autrui ait sa place propre comme le rééducateur a la sienne.

Un certain rôle déterminé par un objectif précis :

— Quel est cet objectif ?

— Par qui est-il fixé ?

Officiellement la rééducation du langage écrit fixée à la fois par les exigences scolaires, les difficultés de l'enfant face à ces exigences et en vertu de ma fonction reconnue par un diplôme de rééducateur du langage écrit.

Qu'est-ce que cela représente ?

Vais-je me cantonner à réparer le langage écrit ou vais-je avant tout me centrer sur l'enfant qui doit se l'approprier ? Dans quelle mesure vais-je me rendre moi-même prisonnier d'un objectif que je crois devoir m'imposer — pour correspondre à certaines normes — ou que je crois m'être imposé ?

Au contraire, vais-je pouvoir adapter cet objectif de façon souple, en tenant compte de l'enfant, de son désir, de son insertion familiale, scolaire, sociale...

« Pour nous l'acquisition des connaissances se situe non comme un but en soi, mais comme partie intégrante d'une dynamique d'affirmation de la personne au sein d'un groupe social. L'expression abstraite n'est qu'un autre moyen de s'affirmer qui va prendre progressivement le relais de l'expression motrice, en assurer la continuité et en assumer le contenu symbolique » (21) p. 106-107.

« Ainsi, pour aider quelqu'un à changer, il ne convient pas de la pousser dans la direction du changement, ni même d'éclairer la voie, de la guider par l'intelligence, mais d'accepter de donner une valeur à ses craintes, à ses angoisses, à ses résistances, à tout ce qui le retient de changer » (20) p. 69.

« Dès lors vouloir qu'autrui change, c'est vouloir qu'il soit fidèle à sa propre nécessité interne de changement comme j'éprouve moi-même le besoin d'être fidèle à la mienne. Ce n'est pas vouloir qu'il soit autrement en ce moment qu'il n'est, c'est au contraire vouloir précisément qu'il soit ce qu'il tend à être en ce moment, cette tension, ce besoin de fuir et d'affronter son angoisse. C'est être avec lui pendant qu'il l'affronte et l'affronter avec lui » (20) p. 70.

En d'autres mots : dans quelle mesure vais-je ou ne vais-je pas FAIRE du langage écrit.

Si je décide d'en faire : lequel ? quand ? comment ? selon quelles normes, sous quelle forme, moyennant quels critères ?

De quel droit puis-je imposer ou même proposer telle ou telle forme de langage ?

Où et comment vais-je me situer entre la tendance de l'enseignement traditionnel où c'est à l'enfant de s'adapter au désir de l'éducateur, lui-même déterminé de l'extérieur par un programme chronologique et la tendance à négliger les tâches et les contenus de l'enseignement pour accorder la priorité, sinon dans certains cas l'exclusivité à l'enfant et à ce qui se passe hic et nunc ?

Comme le souligne Hameline : «On peut penser, à cet égard, qu'une abstention systématique d'apport théorique de la part du moniteur, au nom même de l'autonomie des participants, peut masquer de sa part un réel maintien de la tutelle puisqu'il empêche en définitive les «formés» d'accéder à la maîtrise des instruments conceptuels dont lui-même dispose. Certes, il est un moment où l'apport théorique du formateur freinera certainement les apprentissages. La preuve en est souvent administrée dès qu'on tente d'évaluer les résultats d'un apport théorique prématuré : il n'a, le plus souvent, pas été reçu. Mais il est d'autres moments, où, seul, un apport de ce type, parce qu'il «livre» les présupposés du formateur à la critique des stagiaires, même au risque de les «éblouir», peut constituer un déclencheur efficace d'apprentissage autonome. » (19) p. 269.

Et Chassagny : «Qu'est-ce que cette démarche que nous nommons classique ? C'est une démarche qui ne tient pas compte de l'enfant en tant que sujet, et ce quelle que soit la méthode choisie. L'enfant devient ou y reste objet, objet qui ne sait pas, objet vide qu'il faut remplir, objet qu'il faut façonner de gré ou de force, ou en douceur comme on dit.

De cette démarche on peut et on en a dit du bien et du mal. Ce qu'il nous en semble, c'est qu'elle ne peut s'appliquer à des enfants dont la personnalité, dès les premiers instants de la vie n'a pas pu se construire de façon solide, équilibrée, harmonieuse : ces enfants-là ne pourront supporter, encore moins bénéficier, d'une intervention de cet ordre. En effet dans cette affaire, l'adulte sait : il impose son savoir, la façon dont il faut l'assimiler, il régente les sanctions, accompagnent les errements de son élève. C'est une relation hiérarchique qui s'instaure : celui qui sait et qui a le pouvoir parce qu'il sait; celui qui ne sait pas; qui n'a pas le pouvoir et qui devra, pour essayer de l'acquérir, en passer précisément par là où on le lui demandera... Ce dont nous parlons depuis quelques lignes, c'est donc d'une pédagogie déjà ancienne, voire archaïque, et dont nous avons pu constater les effets fâcheux quant aux enfants dont nous avons à nous occuper. Cependant, ces effets fâcheux pour une certaine population d'enfants n'entraînent pas nécessairement à nos yeux une remise en cause absolue de ce style pédagogique qui, en d'autres lieux et en d'autres circonstances, nous semble conserver ses vertus. La meilleure preuve en est peut-être que, même pour les enfants fragilisés dont nous avons à connaître, une transmission du savoir hiérarchisé de celui qui sait à celui qui ne sait pas peut-être rassurante et structurante à condition d'être débarrassée de ses aspects extrémistes, autoritaristes et négativistes. A plus forte raison s'il s'agit d'un enfant «sain» dont la personnalité aura pu évoluer au mieux. Alors une pédagogie où les exigences de l'adulte voudraient à toute force s'estomper devant les désidérata de l'enfant ne pourrait que fausser les cartes, introduire des malentendus, créer l'insécurité, et finalement faire d'un enfant «qui se portait bien» un enfant sans points de repère, qui risque de se mettre à errer, livré qu'il sera à son propre destin sans pouvoir l'assumer face à des adultes ; qui, pour vouloir respecter son désir, ne lui fourniront plus qu'une image incertaine de référence. » (15) p. 232-233

Vais-je me rallier à Lapierre (21) qui s'efforce au contraire de s'adapter au désir de l'enfant, ici et maintenant, au moment où il le manifeste. « Nos projets éducatifs sont multiples et variés, mais toujours « flottants » ; nous nous réservons de les faire passer au moment favorable, c'est-à-dire au moment où l'un d'eux pourra entrer en relation avec le désir exprimé au niveau de l'activité spontanée de l'enfant. C'est à nous — non à l'enfant — de créer cette conjonction des désirs qui seule permet de s'affirmer comme sujet tout en bénéficiant de l'aide et de l'appui pédagogique. Dans ces moments privilégiés la connaissance s'intègre réellement, très vite, profondément et de façon définitive, dans un grand désir et une grande joie de découvrir et d'apprendre. Dix minutes de ce travail dynamique et passionné apporte bien plus que trois heures de rabâchage fastidieux et programmé ». p. 72.

Si j'opte pour l'objectif langage, au moyen de quoi vais-je « faire du langage » ?

Au moyen d'une méthode faisant appel à une technique ? Que recouvrent ces mots ?

Méthode : voie vers… vers quoi ? Au nom de quoi ? au moyen de quoi ?

Recourir à des techniques (ensemble des procédés et des méthodes d'un art, d'un métier) qu'est-ce que cela veut dire pour moi ?

Des techniques pour qui, pour quoi, pourquoi, lesquelles ?

— pour me sécuriser ; me sécuriser par rapport à qui, à quoi ?

— comme rempart ? contre quoi ?

— pour me défendre de la relation ?

— pour masquer mes limites ?

— pour m'imposer ou imposer mes vues sur le langage ?

— pour briller, faire preuve de mon savoir et de mon savoir faire ?

— pour mieux me faire valoir

— pour me montrer et me sentir indispensable

— pour faire entrer le dyslexique dans un moule ?

— pour répondre à l'attente, au désir des parents,

— pour faire le jeu des parents, de l'école contre l'enfant et ainsi le piéger ?

— pour le bien de l'enfant mais comment savoir quel est ce « bien »

— parce que l'enfant le demande mais que me demande-t-il, dans quelle mesure est-il libre de sa demande ?

Que me dit ce qu'écrit Lapierre (21) p. 34-35.

« Apprendre la droite et la gauche au moment où l'éducateur le désire dans des situations artificielles, même si elles sont dites « vécues », c'est-à-dire corporellement agies — n'a aucun sens pour l'enfant tant que la dynamique de sa recherche ne l'a pas conduit à se poser lui-même ce genre de question, le plus souvent à l'occasion d'une autre intention.

Par contre, vivre l'espace, dans une situation émotionnelle, source de plaisir, a toujours un sens... et peut-être n'est-il plus nécessaire d'apprendre ensuite les directions de l'espace. Elles ont été intégrées. »

Et E. Bing : « La dictée, comme la leçon de vocabulaire est une leçon de mépris. Les sœurs de charité distribuent de pieuses bouches situées en haut de corps exsangues des mots dont on a rien à foutre. Du ciel, par fournées bien dosées, tombe la manne. Des sillons ouverts, (espérons-le) n'ont plus qu'à se laisser féconder, nourrir. A vous les mots du droit chemin et gare à celui qui tremble le tracé. » (3) p. 90.

Je peux refuser d'utiliser des techniques, de faire du systématique (nous entendons par là le recours à des procédés choisis par l'adulte (dictées, exercices portant sur les confusions... liste de mots, lecture programmée...)
— est-ce possible ?
— pour me faire « bien voir » de l'enfant (entreprise de séduction)
— par facilité
— par ignorance
— parce que cela m'ennuie
— par peur de me tromper
— par peur de certaines critiques
— pour être dans le vent...
Le refus d'intervenir n'est-il pas un leurre ?

« Non programmation des activités : c'est seulement de cette manière que peut s'établir une communication directe, spontanée, improvisée, non médiatisée par une consigne qui fait écran à la relation avec l'autre » (21) p. 99.

Que fais-je de cette phrase ?

Et des principes suivants empruntés à Hameline (19) p. 233-234.

On peut énumérer six principes fondamentaux de la méthode non-directive :

1. Il est plus efficace et plus intéressant, pour le formateur, d'apprendre que d'enseigner (principe de la priorité de l'apprentissage).

2. On n'a bien appris que ce que l'on a appris par soi (corrollaire) on n'apprend pas les choses aux gens, ce sont toujours eux qui les apprennent (principe de l'autoformation).

3. L'acte d'apprendre n'est profitable que s'il est articulé sur l'expérience totale de ceux qui apprennent (principe de l'intégration).

4. Être attentif à la manière dont les choses se passent et se vivent augmente et optimise la capacité d'apprendre et de comprendre ce qui se fait et ce qui se dit (principe de l'expérience)

5. Aucune tâche formatrice n'est séparable de ce que vit le groupe qui la

met en œuvre, ni des conditions concrètes de la production de cette tâche (principe de la production).

6. Dans un groupe de formation, quel que soit son objectif, rien n'est anodin, tout a une signification (principe de la signification latente).

Un objectif précis effet d'un contrat établi d'un commun accord dans une transaction Adulte-Adulte (*).

De quel objectif et de quel contrat s'agit-il? entre qui? Est-ce possible de l'établir d'un commun accord? sur quelle base?

Par contrat j'entends la décision traduite en termes clairs, précis, concrets de partager les responsabilités — répondre de et répondre à — pour atteindre un but précis, limité, cerné — objet éventuel de la consultation — objectivable, en se donnant une limite de temps et en établissant ensemble les moyens à mettre en œuvre pour y parvenir. (*).

Ces moyens étant très larges et recherchés tant par le rééducateur que par le rééduqué. Il ne s'agit pas de quelqu'un qui sait par rapport à quelqu'un qui ne sait pas ou de quelqu'un qui croit savoir par rapport à quelqu'un qui est persuadé qu'il ne sait pas. Il ne s'agit pas de manipulateur ni de manipulé mais d'un engagement réciproque à s'aider mutuellement à atteindre un but. La difficulté étant de préciser les attentes respectives, de s'assurer que le but est réellement accepté de part et d'autre et qu'il n'y a aucune ambiguïté à ce sujet, ni concernant le statut respectif de l'un et l'autre partenaire.

En mettant son Adulte aux commandes, le rééducateur favorisera la mise en œuvre de l'Adulte de l'enfant qui ne se sentira pas piégé par un Parent trop encombrant, normatif ou insécurisé par un Enfant farfelu, rebelle ou trop soumis (voir annexes et (33) (40) (5)).

(*) Il est donc important que le « rééduqué » sache pour quoi il vient. Ce contrat implique que les Adultes du rééducateur et du rééduqué se mettent d'accord pour définir et décider sur quoi ils vont travailler, comment ils pourront vérifier si l'objectif est atteint, et ce qu'ils sont prêts à faire concrètement, immédiatement pour y arriver. En ce sens « améliorer la lecture et l'orthographe, ne plus faire de fautes ou en faire moins, réussir à l'école, faire des progrès, aimer lire, ne plus être dyslexique ne signifient rien et n'engagent à rien. Ces formulations sont trop vagues, non objectivables, non précisables ni travaillables.
Quand pourras-tu dire que tu lis mieux, qu'est-ce que pour toi lire mieux, comprendre un texte, toutes ces notions seront clarifiées.

(*) Si l'enfant ne veut pas ou n'est pas encore capable de mettre son Adulte aux commandes, le Parent du rééducateur pourra proposer à l'Enfant de l'enfant de se revoir régulièrement (un nombre x de fois à préciser d'un commun accord) et d'utiliser ce temps à différentes activités choisies de part et d'autre, en précisant, par ex., que moi rééducateur je m'octroie le droit de choisir l'une ou l'autre activté comme toi tu as le droit d'utiliser pleinement le temps qui t'est donné. Parmi les activités que je choisirai, il y aura un peu de lecture et d'écriture réalisées d'une certaine manière pour te donner l'occasion de refuser ensuite ces activités en toute connaissance de cause.

Dans ce sens l'attitude du rééducateur consistera à antécéder sans anticiper, à valoriser sans juger, à réguler sans régulariser comme le précise Hameline (19). p. 201.

Antécéder sans anticiper c'est être là pour accueillir ce qui va se présenter sans le « prévenir » au point qu'il n'y ait plus rien à dire ni à faire ; valoriser sans juger c'est suspendre le fonctionnement « spontané » des stéréotypes et des catégories pour permettre à l'interlocuteur d'être entendu pour ce qu'il dit et non d'abord pour ce qu'il représente.

Réguler sans régulariser c'est éviter d'engluer l'interlocuteur dans les pièges de la dépendance affective sans pour autant interdire aux affects d'être et de s'exprimer.

Ou comme l'exprime Lapierre : « Nous ne voulons pas davantage être esclave d'un modèle de pensée que d'une méthode. L'essentiel est dans la dynamique d'une communication qui évolue. Tout l'art de l'éducateur est dans l'entretien de cette dynamique. Celle-ci dépend de la possibilité qu'a l'éducateur de faire passer ses propres modèles mais aussi de sa disponibilité à saisir ce qui est en train de se vivre et à s'y adapter » (21) p.105.

Ou Chassagny (15) : « Il va s'agir en quelque sorte de créer une béance dans laquelle le désir de l'enfant pourra naître, s'exprimer, être reconnu, prendre forme et se reconnaître comme tel. Qu'entendons-nous par béance ? Un temps et un espace libéré pour l'enfant des contraintes et sollicitations d'un monde adulte qui lui est étranger, à l'intérieur des limites indispensables à toute vie de groupe. Cette béance apparaîtra du fait que l'équipe éducative saura et pourra attendre, écouter, reconnaître ; qu'elle cessera d'imposer a priori le moule de références adultes, mais qu'elle saura aussi y faire référence s'il le faut ; qu'elle saura prendre cette attitude d'expectative, de soutien, d'accompagnement sans compromis et sans angoisse ; qu'elle saura supporter l'inactivité apparente de certains enfants, mais qu'elle saura aussi en entraîner d'autres derrière elle dans des activités créatrices ; qu'elle saura s'abstenir s'il le faut de jouer son rôle social de promoteur et de formateur ; qu'elle saura être attentive à tout ce qui est du fait de l'enfant et disponible à chaque instant ; qu'elle refusera enfin de s'enfermer dans une structure rigide et routinière. L'enfant alors n'est plus aiguillonné ni harcelé tiraillé entre des désirs multiples qui ne sont jamais siens et qui sont souvent contradictoires. Il peut découvrir un univers où, au lieu de devoir écouter les autres que bien souvent il n'entend d'ailleurs déjà plus, ce sont les autres qui l'écouteront. Il pourra alors, peut-être, se manifester sans risque, sans hâte, et à sa façon tisser ce réseau de relations indispensables à son entrée dans la communauté des hommes. » p. 235.

Autrement dit en A.T. le rééducateur doit être suffisamment souple pour jouer sur tous les claviers, sous le contrôle de son Adulte qui analyse la situation. Il sera Enfant Libre avec l'Enfant Libre du rééduqué, à la découverte de leur spontanéité commune, de leur créativité, de leurs potentialités; il sera Parent Nourricier si l'enfant en a besoin transitoirement; il suscitera l'Adulte du rééduqué en lui proposant de revoir objectivement ses rapports avec l'école, avec lui-même avec le langage.

Cette relation d'égal à égal, souple nuancée, sera d'une qualité telle que sur la base de certains *principes* elle favorise l'expression de soi, la libération de la créativité, la réconciliation de l'enfant avec lui-même, avec les autres, avec le langage dans un processus de maturation affective et instrumentale qui à la fois résulte de et aboutit à une prise en charge du rééduqué par lui-même de telle sorte qu'il devient son propre éducateur.

Je rejoins parfaitement Lapierre (21) « Nous voulons donner à l'enfant la possibilité de créer ses propres structures de pensée à travers une créativité permanente qui l'empêche de s'enfermer lui-même dans les structures qu'il a créées, qui lui permette de faire évoluer celles-ci dans un présent permanent. Le désir profond de l'enfant est d'être libre de ses actes véritablement libre, c'est-à-dire non jugé et non soumis affectivement au désir de l'adulte. Le rôle de l'éducateur est de proposer des objets, des matières, des sons, des thèmes généraux, de rechercher, de laisser les enfants exploiter eux-mêmes tous ces éléments... et de savoir attendre que, dans leurs recherches, ils aient besoin de lui. Ce ne sont pas les enfants qui sont à la disposition de l'éducateur, mais l'inverse. Ce n'est que dans ces conditions que l'expression devient authentique, libre spontanée, syncrétique, que les attitudes de fuite, d'inhibition, de surcompensation ou d'opposition disparaissent. Ce n'est que dans ces conditions que l'enfant pouvant assumer son désir travaille avec plaisir, avec dynamisme et avec joie... en ne sachant pas qu'il travaille. » p. 82-96.

Certains PRINCIPES :
Personnellement j'oriente la rééducation selon les principes suivants :
— plaisir et créativité
— décadrage et paradoxe
— égalité et réussite

L'un entraîne l'autre mais tous sont sous le signe du PLAISIR :
— plaisir de créer
— plaisir de faire autre chose
— plaisir de tenir sa place
— plaisir de réussir
— plaisir de répondre de soi et de fonctionner harmonieusement en étant soi-même et en le devenant de plus en plus
— plaisir de se rencontrer.

Ce principe du plaisir n'exclut nullement le travail, l'utilisation de techniques, le recours à des exercices mais vus sous l'angle de la recherche mutuelle, de l'invention réciproque, ces mots « travail, techniques, exercices» perdent leur connotation ennuyeuse. «Il ne s'agit plus à ce niveau d'acquérir des connaissances sur le mode de l'avoir mais des possibilités sur le mode de l'être. Il y a là tout un changement d'éclairage, un changement d'orientation qui modifie totalement toute la problématique de l'éducation. C'est la disponibilité de l'être qui va permettre la libération du désir et l'acquisition vraie des connaissances» (21) p. 106.

Lorsqu'un enfant a conservé ou retrouvé son équilibre psycho-affectif, sa joie de vivre, son dynamisme, son désir d'affirmation, son désir d'expression et de communication, sa créativité, sa curiosité les apprentissages scolaires ne posent plus de problème quelles que soient les méthodes employées... et même en absence de toute méthode» (21) p. 106.

PLAISIR ET CRÉATIVITÉ : plaisir mutuel de partager, de découvrir ensemble que ce qui jusqu'à présent a été source d'échec peut être source d'expression de soi, de création personnelle, d'un échange.

A ce propos il me plaît de relever les extraits suivants de Pagès (24) p. 16.

«Pour qu'il y ait contact, il faut que les deux partenaires prennent plaisir à l'échange, et donc que le moniteur ou le thérapeute, s'il s'agit de lui, soit mobilisé dans l'échange par un mouvement de satisfaction instinctuelle. Ma communication se réduit à cela, au plaisir partagé dans l'expression d'émotions propres à deux ou plusieurs personnes, à la coïncidence partielle de deux (ou plusieurs) chaînes émotives distinctes. C'est l'unique voie de la communication, le substrat de toute thérapie, de toute formation, vraisemblablement de tout changement. Elle seule permet le rétablissement d'une socialité suspendue, le rétablissement d'une communicaton avec soi-même et le développement personnel par le déroulement de la chaîne des émotions inhibées. »

«Car le désir de l'enfant est avant tout désir d'initiative, d'activité, d'influence sur les autres et sur le monde, plutôt que besoin de possession d'un objet matériel ou humain. Et ce désir peut être satisfait s'il est reconnu par la mère et plus tard par les autres. C'est l'insatisfaction du désir d'initiative et d'influence de l'enfant qui crée des besoins inextinguibles de lait, de présence, d'affection, qui eux ne peuvent jamais être complètement satisfaits. C'est dans l'expression et la reconnaissance de son désir par l'autre, dans une expérience de plaisir partagé, que l'enfant acquiert et confirme le sentiment d'exister et d'avoir une identité personnelle. Ainsi le désir serait-il dès l'origine, dans ses manifestations instinctuelles les plus primitives, le désir d'une expérience sociale, le désir de se voir reconnaître et confirmer comme disait Martin Buber son identité par autrui, et le plaisir, la confirmation du désir, serait la première expérience de socialité, la découverte d'autrui par la reconnaissance mutuelle des désirs. » (4) p. 33.

Il s'agit bien d'un plaisir partagé : «contrairement à ce que prescrit la technique freudienne, le plaisir qu'éprouve le thérapeute ou le moniteur dans ses échanges avec les participants est nécessaire au changement, il n'est pas nuisible, ce n'est pas non plus un élément suspect que l'on doit doser, que l'on accepte avec réticence et mauvaise conscience. C'est le moteur du changement. L'apprentissage de la communication EST l'apprentissage du plaisir. » (4) p. 36. Et encore :

« L'expression physique du désir spontané de l'individu, tel qu'il le vit dans l'instant, quelle qu'en soit la forme, si elle s'effectue dans une expérience de plaisir partagé n'enferme pas l'individu de façon répétitive dans son désir, mais l'ouvre au contraire à lui-même et aux autres. Elle le fait accéder à l'ensemble de ses désirs et de ses craintes réprimés, elle développe son initiative, sa capacité de percevoir les autres comme agents de satisfaction et non comme obstacles et d'engager avec eux des relations mutuelles satisfaisantes. » (4) p. 43.

Et E. Bing (3) :

« L'écriture encore moins chez l'enfant que chez l'adulte est chose passant directement du cerveau à la feuille, mais danse se vivant dans le corps, impulsée par le sens » (3) p. 44.

« Qu'importe si un enfant ne produit que trois textes dans une année s'il les a écrits dans le plaisir. Tout geste est de torture s'il est condamné de l'intérieur, mais si l'accord se crée entre la personne et l'encre qui coule dans la plume la grimace se résorbe, et je vis plus tard, les plus réfractaires au geste se mettre à écrire plus longuement que je n'aurais osé le souhaiter » (3) p. 39.

DÉCADRAGE et PARADOXE : il faut éviter de faire et de refaire ce qui jusqu'ici a raté ou du moins n'a pas donné les résultats escomptés. Comme le dit Watzlawick (22) faire plus de la même chose, doubler la dose crée un phénomène d'ancrage.

« A vouloir colmater le symptôme par où l'enfant s'exprime on ne peut qu'augmenter les tensions internes. Toute rééducation normative est vécue comme une agression insécurisante, anxiogène et culpabilisante. On aboutit ainsi à un renforcement des résistances » (21) p. 15-16.

Il faut au contraire « faire autre chose » décadrer en abordant la difficulté sous un tout autre biais. Par exemple si l'enfant confond tel ou tel phonème, s'ancrer sur ces confusions en les abordant de front ne sert pas à grand chose sinon à appuyer sur l'échec. On peut partir du principe que c'est l'ensemble du système phonologique qui n'est pas intégré, dès lors c'est l'ensemble du système des sons que l'on peut proposer de manipuler, pas du tout de façon systématique, mais sous le mode dialogué de la création et de l'écoute (*).

_____
(*) Voir les autres parties du livre.

Jouer avec les sons est, en général, fort bien vécu par l'enfant et la pratique nous prouve que, sans qu'on ne s'occupe des symptômes, toutes les inversions, confusions, substitutions etc. disparaissent spontanément.

JE rejoins totalement Lapierre (21) : « Nous voulons travailler avec ce qu'il y a de positif dans l'enfant ; nous intéresser à ce qu'il sait faire et non à ce qu'il ne sait pas faire. C'est à partir de là que la relation pédagogique peut se détendre, la situation se dédramatiser, et l'enfant retrouver confiance et sécurité. Le meilleur moyen de l'aider à surmonter ses difficultés, c'est de les lui faire oublier.

Nous avons donc décidé d'oublier nous-mêmes les « problèmes » en raison desquels l'enfant nous est envoyé (et même de les ignorer lorsque cela est possible). Il y a chez un enfant, quel qu'il soit, de multiples potentialités positives qu'il est possible de découvrir et de développer pourvu qu'on ne soit pas obnubilé par « ce qu'il ne sait pas faire » centrer son attention sur un symptôme c'est le fixer, le structurer ; l'oublier c'est peut-être lui permettre de s'effacer puisqu'il ne présente plus d'intérêt » p. 16-17.

C'est là précisément que se situe le paradoxe. Il s'agit à la fois d'oublier ou d'ignorer le symptôme, de refuser l'échec en se centrant sur la réussite. L'objectif est d'amener l'enfant à vivre autrement le langage, de guérir du langage par le langage en présentant comme activité de réussite et de plaisir ce qui a été vécu jusqu'ici sur le mode de l'échec et du déplaisir.

Je ne résiste pas au plaisir de rapporter un extrait de Bing (3) p. 101 : « On inscrivit le mot « espace » au centre du tableau noir. Par ramifications, connaissances, intuitions, associations d'idées, nous fîmes à partir des mots lus, des mots dits ; exploser le mot en d'autres mots, eux-mêmes s'explo-sant en d'autres mots et d'autres espaces. Les espaces infinis s'étalaient sur le noir tableau qui n'y suffisait plus.

L'étonnement des enfants fut à son comble lorsqu'ils virent la prodigalité des vocables se répercutant en ondes elles-mêmes aurait-on dit infinies. Ainsi possédions-nous tant de mots sans le savoir ! Ainsi étions-nous rois d'un si vaste royaume. Tombant du ciel inatteignable du savoir la manne céleste est toujours inassimilable. Le mouvement d'acquisition ne peut partir que de l'être lui-même, de son désir. Faire une leçon de vocabulaire c'est faire affleurer le vocabulaire bloqué dont l'émergence sera mobilisée par l'intérêt de l'enfant lui-même. L'enfant ne se souviendra d'un mot et ne le fera sien que s'il se trouve concerné par celui-ci. Je les assurais de leur souveraineté sur les mots. On les avait toujours assurés dans leur pauvreté, coupables « d'avoir un vocabulaire pauvre », la sentence réitérée les confirmait dans leur dénuement. Il avait suffi qu'ils fassent fonctionner leur esprit, en jouer les rouages, pour que d'infinies sujets viennent offrir leur présence. La joie cliquetait, sensible. » Et ce passage merveilleux :

« Écrire le mot espace c'était déjà délier le doigt, étendre ses bras, décrisper le corps crucifié, l'enfant saute, il saute dans l'espace. L'exercice d'écriture était une sorte d'exercice d'élongation que nous prolongerions plus tard dans les ramifications de l'arbre et par la prospection des racines dans la terre » (3) p. 102.

Quant aux principes d'ÉGALITÉ et de RÉUSSITE j'en ai déjà parlé à plusieurs reprises (*).

En ce qui concerne la réussite, l'élément essentiel consiste à éviter à tout prix de replonger l'enfant dans la difficulté et l'échec, ce qui est parfaitement réalisable si l'on se guide sur ce qu'il désire, et si les activités que le rééducateur propose lui-même sont relativement dosées (**).

Le principe d'égalité : il n'y a pas un rééducateur qui sait et qui sait ce qu'est à faire exactement face à un enfant qui ne sait pas et qui attend qu'on le gave.

Chacun propose, évalue, crée, cherche, découvre, essaye, invente, donne, répond, accepte, écoute.

Accepter, écouter : deux maîtres-mots de la rééducation : s'écouter et s'accepter soi en tant que personne et en tant que rééducateur, écouter et accepter l'autre. L'approche de Gordon (23) me plaît à cet égard car elle respecte à la fois le droit de l'adulte (du rééducateur) d'être lui-même et le droit de l'enfant d'être également pleinement lui-même : un soi-même avec ses qualités et ses défauts (voir annexe).

Comme le précise Rogers (24) p. 114 : « Lorsque je puis accepter de multiples défauts et lacunes, de commettre de nombreuses erreurs et d'être souvent ignorant là où je devrais être bien informé, d'avoir souvent des préjugés là où je devrais avoir l'esprit largement ouvert, d'éprouver fréquemment des sentiments qui ne sont pas justifiés par les circonstances — alors je puis être beaucoup plus *réel*, plus authentique. De même en ne portant pas d'armure et en ne faisant rien pour me montrer différent de ce que je suis, j'apprends beaucoup plus même à partir des critiques et de l'hostilité — je suis beaucoup plus détendu et je puis être beaucoup plus proche d'autrui.

En outre, le fait que j'accepte de me montrer vulnérable entraîne chez les autres tellement plus de sentiments réels à mon égard que j'en suis vraiment récompensé. » (25) p. 114.

Et « Plus je suis disposé à être simplement moi-même dans toutes les complexités de la vie, plus je cherche à comprendre et accepter ce qu'il y a de réel en ma personne et en celle de l'autre, plus il se produit des changements » (25) p. 146.

De Peretti formule cette position de la façon suivante : si je puis me fier à moi-même tel que je suis et le fier à autrui tel qu'il est, avec ce que nous

_____

(*) Ils sont notamment inclus dans les principes précédents.
(**) Voir annexe.

46

ressentons et avec nos butées ou nos contradictions ou nos dissonances momentanées, en accompagnant l'autre là où il se place, en constatant comment il se considère et me considère dans l'instant, et si ma présence est suffisamment intense et toutefois sans exercer de poussée sur lui pour qu'il bouge de son lieu ni de sa direction (ni sur moi-même pour me forcer à bouger), loin de nous fixer, j'aurai accru nos possibilités réciproques d'évoluer de concert au moindre coût selon nos orientations positives propres. » (25) p. 147.

ÉCOUTER : «Ainsi le premier sentiment, tout simple, que je désire partager avec vous c'est ma joie de pouvoir écouter quelqu'un. Lorsque j'entends vraiment quelqu'un et les significations qui sont importantes pour lui à ce moment, lorsque je n'entends pas seulement ses mots mais lui-même et que je lui fais comprendre que j'ai entendu ce que signifie pour lui son message alors beaucoup de choses se passent» (25) p. 220.

Beaucoup de choses se passent... en effet... et entre autres la libération de l'écriture maintes fois expérimentés notamment au cours de textes libres (*) où tout au plaisir de créer, de créer *son* langage écrit un vrai langage écrit qui lui appartient en propre, décapé de l'amidon scolaire, plongé dans la vie — sa vie — rythmé au souffle de sa respiration, accroché au battement de son cœur, encouragé, révélé à lui-même par un partenaire attentif qui l'écoute et lui répond, engagé dans un dialogue avec lui-même, avec autrui, avec le monde, l'enfant peut se centrer sur ce qu'il a envie d'exprimer et non sur la faute. L'erreur, on s'en occupe par surcroît. L'orthographe a une place, sa place, qui n'est pas la première.

Il y a à la fois moyen de se soucier de l'enfant, de l'adolescent et des fleurs (*) si besoin en est encore... la conciliation est possible dans la réconciliation.

«Ce n'est que l'année suivante, lorsque je le sentis suffisamment libéré de son étau et qu'il eut pris un goût passionné pour l'écriture et pour ce que nous appelions les ateliers, que, très doucement, je l'invitai amicalement à se préoccuper de sa vieille ennemie déboutée, l'orthographe. Par le biais de la libération, celle-ci s'était d'ailleurs quelque peu améliorée. Dès que la main devenait libre l'orthographe s'améliorait d'elle-même, ceci se vérifia à de multiples reprises, la main se sentant le droit de parcourir l'espace réservé pour elle sur la page qui n'était avant que désert inviolé et inviolable, la fascination de la page blanche formant tous les mirages connus des grands voyageurs et des aventuriers de l'espace» (3) p. 43... «et je nageai jusqu'à la page où je m'endormis... cette page où il put enfin s'endormir était une page perdue avant même de l'avoir trouvée et reconquise.

(*) Voir annexe.
(*) Voir p. 38.

Comme j'aimerais les amener tous sur la plage (3) p. 44 ces enfants et adolescents «dyslexiques» qui viennent en rééducation... les inviter à courir, à danser sur le sable, à se rouler dedans, à plonger dans les vagues, à respirer au rythme de leur langage, à VIVRE... avec le langage.

« Vivre c'est utiliser la liberté que nous laisse la réalité des autres ;

Écrire, c'est témoigner en intégrant à des structures conventionnelles les formes personnelles qui nous sont adéquates. Adapter la langue à ses besoins, c'est accéder à sa propre liberté. » (27) p. 145.

ANNEXE

L'aspect le plus important de notre expérience est constitué par le texte libre ou l'histoire composée à deux ou à plusieurs. Ce procédé consiste à inventer une histoire de toute pièce ou enclenchée à partir d'un début de lecture (on lit par exemple les 2 ou 4 premières lignes d'un conte), on imagine la suite. Ce départ n'est utilisé que lorsque vraiment nous sommes à cours d'imagination. Beaucoup plus amusant est la création totale. Dans ce cas, on se munit d'un chronomètre, on tire au sort pour déterminer celui qui commence. Celui qui est désigné ou qui se porte volontaire dicte à l'autre son histoire pendant 1 minute (temps qui à la pratique s'est révélé le plus adéquat au début — plus longtemps, c'est trop long quand on n'a pas encore l'habitude d'inventer et que l'on n'aime pas décrire, plus court c'est trop rapide : on n'a pas le temps de se plonger dans le récit ; ultérieurement le temps libre est préférable).

La minute passée on échange les rôles et ainsi de suite jusqu'au dénouement (qui a lieu en une ou plusieurs séances).

Ce procédé a l'avantage de donner libre cours à l'imagination, il enchante les fantaisistes, désinhibe les inhibés ceux qui trop longtemps, si pas depuis toujours, se sont ou ont été empêchés de rêver surtout de rêver par écrit.

Le fait de dicter à l'autre permet une expression plus libre car non freinée par le souci de l'orthographe ou du comment vais-je écrire cela. Ce dialogue crée une connivence entre l'adolescent et l'adulte : nous nous laissons aller ensemble, nous partageons le même plaisir d'inventer, d'être maître de notre histoire, d'avoir la toute puissance sur les héros.

Le dyslexique oublie qu'il écrit et qui plus est qu'il écrit sous dictée. Du même coup l'orthographe est remise à sa place.

Elle a son importance mais une importance secondaire.

Les « fautes » pour reprendre une expression consacrée — sont corrigées s'il y a lieu mais mieux encore, en dictant, le rééducateur fera éviter l'erreur en raisonnant tout haut avec celui qui écrit en en dosant les difficultés selon les possibilités du rééduqué (principe de la réussite). Si les difficultés sont très grandes le texte se fera en écrivant qu'un mot à tour de rôle ce qui permet à l'enfant de s'appuyer sur le mot

49

précédent, de se concentrer sur une difficulté à la fois, difficulté détournée par le rééducateur qui en raisonnant pour son propre compte, à voix haute, empêche la faute de se produire.

Enfin, ce cancre en ortographe, paradoxalement se sent devenir quelqu'un et pas n'importe qui un écrivain.

A la fin de la séance le texte est tapé à la machine ce qui lui fait prendre encore plus de relief. L'adolescent ainsi imprimé se sent valorisé dans un domaine jusqu'alors déconcertant et négatif pour lui.

Le texte libre librement consenti, établi d'un commun accord dans le plaisir de créer, en se décentrant du symptôme et en établissant la gageure de réussir dans un domaine habituellement inaccessible pour le dyslexique réunit les principes énoncés :
plaisir et créativité
décadrage et paradoxe
égalité et réussite.

La réussite :

Par exemple si la lecture est encore trop laborieuse et si l'enfant propose de lire, on peut très bien aborder un texte à deux en ne lisant chacun qu'un mot, ce qui facilite l'opération de conjecture en permettant à l'enfant de s'appuyer sur le mot précédent ; ou encore en préparant la lecture à partir de l'interrogation des images illustrant le texte (*).

On regarde les images, à partir de là on essaye d'élaborer plus ou moins le texte : qu'est-ce qui va se passer (l'adulte peut orienter les recherches en posant les questions adéquates en fonction du texte. On peut aussi parcourir le texte des yeux, repérer les points, tel ou tel mot qui saute aux yeux et puis commencer la lecture.

Si le texte est encore très difficile à lire on peut jouer avec des mots, les regarder, les trier selon des critères qu'on invente ensemble :
Par ex. voici une série de mots (sur cartons) que va-t-on faire avec ces mots ?

A titre d'information voici que ce que des enfants trouvent (critères de formes, phonético-graphiques, sémantiques...) on cherche les mots les plus longs, les plus courts, les plus faciles, les plus difficiles, les gentils, les méchants, ceux qui ont une même lettre... ceux qui désignent un fruit...

Chacun à son tour questionne l'autre pour lui faire repérer un mot (par ex. cherche tous les mots qui veulent dire un animal, un animal qui aboie...).

Ou encore un jeu très apprécié : les tournois au chronomètre d'une série de mots (*).

On choisit ensemble une colonne de mots pairés, on décide qui commence, on lit chacun un mot — paire-plaire — le recours au chronomètre permet de s'autoévaluer, la lecture prend encore des allures de compétition sportive où l'on s'améliore son propre record.

Après 2 ou 3 lectures on passe à la signification des mots, on essaye ensuite de retrouver les paires en les écrivant, on peut aussi en inventer d'autres ?

(*) Le principe est toujours de cacher le mot à lire pour que le lecteur le saisisse globalement et ne s'appesantisse pas à déchiffrer syllabe par syllabe.
(*) Voir éventuellement Lecture et dyslexie (28).
Je deviens un vrai lecteur (13).

A ce stade il est extrêmement rare de susciter des fautes, bien au contraire, l'enfant sent qu'il est capable de lire ce qui le rassure et lui donne confiance en lui.

Avant de se lancer dans l'écriture de phrases ou de textes on peut travailler au niveau du mot (ce qui évite l'enlisement dans une multiplicité d'erreurs et de corrections sans fin où rééducateur et rééduqué sont dépassés ne sachant par quoi et par où commencer !

Au niveau du mot on peut par ex. partir d'un mot choisi par l'enfant à partir de là chacun invente une opération à faire faire à l'autre (voir suite du livre).

On peut aussi progresser vers la phrase par des jeux de montage et démontage de la phrase (**).

S'il y a faute, l'aspect que je trouve primordial c'est d'entrer dans la démarche de l'enfant et de retrouver avec lui le cheminement qui a provoqué l'erreur : ou bien l'enfant n'a pas réfléchi ou il n'a pas compris ce qu'il devait écrire. S'il écrit n'importe quoi (ce qui finalement est rarement le cas) il est bon de le savoir et de familiariser l'enfant avec l'idée qu'écrire n'est pas aligner des mots, n'importe comment, qu'il y a une stratégie à adopter, des règles à respecter comme dans un jeu. Le cas le plus fréquent : le dyslexique a son idée à lui, il a un motif pertinent pour écrire ce qu'il écrit il raisonne mais sur ses données à lui (maman ma pelle, on les envoient, un animal dhomestique... trouvaille admirable) je commence alors par féliciter l'enfant pour avoir si bien raisonné puis je pénètre dans sa démarche en disant qu'effectivement cela pourrait être ainsi et enfin je donne la raison pour laquelle il en est autrement. Le dyslexique qui ainsi n'est jamais mis en accusation mais valorisé est prêt à écouter les explications qu'on lui propose.

Définition des troubles de l'apprentissage

Définition des troubles de l'apprentissage selon Willems (30). Un enfant d'intelligence normale et sans handicap physique manifeste peut échouer à un certain âge dans ses apprentissages scolaires pour les raisons suivantes : une pédagogie inadéquate, des problèmes affectifs, mais également parce qu'il présente une déficience dans le développement physiologique de certaines fonctions du cortex cérébral (fonctions corticales) indispensables à un type particulier d'apprentissage tel par exemple la lecture et l'écriture.

Une défintion opérationnelle des troubles de l'apprentissage (TA) serait alors : l'existence chez un sujet normalement intelligent d'une ou plusieurs déficiences de certaines fonctions corticales (vigilance, perception, mémoire, processus cognitif...) qui le limitent dans une ou dans l'ensemble de ses capacités d'apprentissage.

Une des causes les plus fréquentes des troubles d'apprentissage chez l'enfant de 3 à 8 ans consiste en un déficit de la vigilance, c'est-à-dire au niveau des processus de maintien de l'attention — concentration.

Ces hypothèses se fondent sur les travaux de Dykman et collaborateurs (1970-1971) et Wender (1971) qui ont mis en évidence le fait que les troubles de l'attention engendrent à la fois un comportement impulsif et distrait qui lui-même entrave l'apprentissage et le traitement de l'information. La substance réticulée qui se trouve

---

(**) Voir langage et dysorthographie (29).

dans le tronc cérébral est la structure anatomique responsable du maintien de la vigilance.

Dans cette optique la dyslexie vraie serait attribuable à un retard dans l'établissement d'une spécificité hémisphérique (dominance cérébrale), soit à une mauvaise représentation de certaines fonctions corticales au sein des hémisphères cérébraux (c'est-à-dire le langage dans l'hémisphère gauche et les fonctions spatiales dans l'hémisphère droit).

Voir aussi Debray-Ritzen (31).

Pour D. Flagey (32) (pédo-psychiatre-psychanalyste).

« Ces altérations des fonctions perceptives et motrices qui sous-tendent tout le développement cognitif, nous présentent un champ d'étude privilégié où s'affrontent les conceptions les plus divergentes du fonctionnement psychique. Situés au point de rencontre d'une multiplicité de facteurs allant parfois de l'organicité la plus évidente aux expériences relationnelles, ils donnent prise à des interprétations diverses selon les présupposés théoriques qui amènent souvent à mettre l'accent sur l'un ou l'autre versant étiologique, plutôt que de tenter d'en faire la synthèse. Sur le plan de l'étiologie nous sommes en effet confrontés à des données constitutionnelles, parfois à des déficits organiques congénitaux ou acquis, à des particularités du rythme de la maturation neurologique. D'emblée les facteurs relationnels modulent le développement de l'organisation perceptive et motrice...

Nous n'allons pas reprendre ici les données de très nombreux travaux contemporains qui de Spitz à Winnicott ont décrit comment les conditions de maternage déterminent l'évolution de ces fonctions. Un quelconque déficit fonctionnel une fois ébauché, il sera investi par l'enfant lui-même et par son entourage et inclus dans une configuration conflictuelle qui aura le plus souvent pour effet de le perpétuer et de l'aggraver. »

La méthode Gordon (23)

Venue des États-Unis où elle connaît un immense succès, une nouvelle conception de l'éducation permet de rendre les enfants plus responsables plus autonomes. Elle demande une reconsidération du rôle des parents et oblige les adultes à être très attentifs. La méthode Gordon est un nouveau mode de vie.

Très résumée voici les principes et la philosophie du Docteur Th. Gordon qui s'adressant d'abord aux parents convient parfaitement à une relation rééducateur-rééduqué.

Presque sans exception les parents peuvent être classés grossièrement en 3 groupes : les gagnants, les perdants, ceux qui balancent. Les parents du premier groupe défendent avec vigueur leur droit d'exercer une autorité et un pouvoir sur leurs enfants et ils déploient beaucoup de persuasion pour justifier ce droit.

Ils croient aux restrictions, à l'imposition de limites, à la défense de certains comportements. Ils donnent des ordres, et s'attendent à ce qu'on leur obéisse. Ils recourent aux menaces et aux punitions... S'il survient un conflit entre les besoins des parents et ceux de l'enfant ces parents résolvent presque toujours le conflit d'une façon telle que les parents gagnent et l'enfant perd.

Les parents du 2e groupe accordent la plupart du temps une très grande liberté à leurs enfants. Ils évitent volontairement de fixer des limites et reconnaissent fièrement qu'ils n'admettent pas les méthodes autoritaires. Lorsque survient un conflit entre le besoin d'un parent et celui d'un enfant, c'est en règle générale l'enfant qui gagne et le parent qui perd, car ces parents croient qu'il est dommageable de frustrer un enfant dans ses besoins.

Le plus grand groupe est probablement celui des parents qui trouvent impossible de suivre jusqu'au bout l'une ou l'autre de ces deux approches. Comme résultat, dans leur tentative d'en arriver à un juste milieu ou plutôt à un judicieux mélange ils oscillent constamment entre la force et la douceur étant, selon les occasions, intraitables ou accomodants, restrictifs ou permissifs, gagnants ou perdants.

Le Docteur Gordon propose la méthode sans perdant qui est plutôt une approche qui exige pour les parents un changement fondamental d'attitude envers leurs enfants.

Que faire quand l'enfant a un problème? Il s'agit d'apprendre aux parents à écouter leur enfant en utilisant *l'écoute active.*

En quoi consiste l'écoute active?

1. reconnaître à qui appartient le problème et commencer ses interventions par « tu te sens » tu as l'air ou j'ai l'impression que tu...

2. refléter le sentiment, l'émotion (triste, ennuyé...).

3. décrire les faits. L'écoute active continue jusqu'à l'expression totale du problème voire sa résolution. Il faut souligner que, dans les obstacles à la communication, le récepteur (parent) s'occupe des faits (pleurs, punitions) alors que dans l'écoute active il est attentif au sentiment (peine) de l'émetteur (l'enfant) c'est une différence fondamentale.

Que faire quand le parent a un problème? Gordon propose la confrontation constructive et d'abord de transmettre le message à la première personne. Alors que les parents emploient généralement TU au début de chacun de leurs messages, emploi qui déplace le problème sur l'autre. Le recours à JE signifie à l'enfant le sentiment réel que provoque chez le parent le comportement. Par exemple au lieu de dire : tu es insupportable, il vaut mieux exprimer : je suis fatigué. L'enfant décode le message comme une évaluation de lui-même (tu...) il décode un renseignement sur l'état du parent (je...).

Le message à la première personne préserve l'estime personnelle de l'autre. Il est l'expression claire des sentiments, même les plus vifs. Il laisse à l'enfant le choix de la solution, il n'attaque pas inutilement la personne et risque beaucoup moins de provoquer une résistance et de culpabiliser l'enfant.

Le message JE doit comprendre les points suivants :

1. mon sentiment (ce que je ressens).

2. la description des inconvénients concrets pour moi.

3. la description du comportement de l'autre (par ex. je m'inquiète (1) beaucoup que tu n'aies pas fini ton devoir (3) car nous risquons d'arriver en retard (2).

Pour être plus authentiques dans leur relation les parents doivent prendre le risque de se faire connaître tels qu'ils sont et ne pas vouloir paraître infaillibles, invulnérables...

Le recours à la méthode sans perdant doit donner satisfaction à tous. Il ne s'agit pas de faire des concessions mais d'obtenir une entente (le vote est exclu). Elle se résume en 6 étapes après une étape préparatoire (trouver le bon moment, expliquer la méthode et s'assurer que l'enfant l'accepte et qu'il sait qu'il ne sera pas perdant.

Étape 1 : définir le problème. Par des messages Je le parent exprime son problème. Grâce à l'écoute active, il aide l'enfant à exprimer le sien. Il faut bien dégager les besoins (et non les solutions).

Étape 2 : énumérer des solutions. Avec imagination et sans critique, encourager l'enfant à donner ses solutions face à celles du parent ; les écrire.

Étape 3 : évaluer ces solutions. Pratiquer le message Je et l'écoute active pour trouver les solutions acceptables.

Étape 4 : choix de la solution. Après avoir résumé les besoins de l'un et de l'autre noter la ou les solutions choisies.

L'engagement mutuel est nécessaire.

Étape 5 : appliquer la solution. C'est une étape souvent délicate. Il faut bien décider qui fait quoi et quand et rappeler la décision par la suite à l'enfant si besoin est par un message JE.

Étape 6 : réévaluer. Réviser éventuellement la décision en fonction des éléments nouveaux.

L'analyse transactionnelle

L'A.T. permet de saisir, de reconnaître et d'assouplir le fonctionnement personnel : comment est-ce que je me gouverne, vers quoi est-ce que je m'oriente et quels chemins quels détours est-ce que j'emprunte, sont-ils adéquats, superflux, nuisibles et en quoi le sont-ils ?

Que puis-je faire d'autre, à quoi est-ce que je m'entraîne est-ce plus indiqué et plus efficace ?

Cette approche permet aussi de saisir de reconnaître et d'assouplir le fonctionnement relationnel : comment est-ce que j'influence les autres ? A quels comportements est-ce que je les invite, comment est-ce que je les manœuvre, avec ou contre leur gré ? est-ce constructif ou destructeur ? Quelles positions est-ce que j'adopte sont-elles valables ? Qu'est-ce que je suis prêt à faire pour changer ?

Voici une brève introduction à l'ANALYSE TRANSACTIONNELLE inspirée par

Dusay J.M.-Steiner Cl (33)

Sarton A. (34)

Jaoui G. (35) (36)

James-Jogeward (37) (40)

Berne (5, 38, 39) Harris (17).

L'A.T. suscite un intérêt croissant dans les pays de langue française. Ses bases y ont été jetées par Éric Berne médecin et psychiatre (mort en 1970) qui a voulu forger un langage à la portée de tous ceux qui venaient le consulter.

L'A.T. est une technique psychothérapeutique dont la pratique remonte aux environs de 1954. Les fondements de la théorie de l'A.T. consistent en trois formes observables de la fonction du moi : Le PARENT, l'ADULTE, l'ENFANT.

L'individu agit à chaque instant dans l'un des 3 états distincts du moi. Il est possible de reconnaître ces états du moi en observant l'attitude corporelle ainsi que le contenu des expressions verbales.

L'individu agit à chaque instant dans l'un des 3 états distincts du moi. Il est possible de reconnaître ces états du moi en observant l'attitude corporelle ainsi que le contenu des expressions verbales — différents gestes, postures, tics, expressions faciales, intonations — sont associés d'une façon typique à l'un des 3 états du moi.

L'enfant représente une valeur considérable. C'est la meilleure partie de la personne et la seule réellement capable de plaisir. Il est à la source de la spontanéité, de la créativité et de la joie.

L'Adulte est avant tout un ordinateur qui réunit et traite les informations en vue de faire des prévisions.

Le Parent se forme à partir de comportements copiés des parents et de toutes autres figures d'autorité.

L'analyse structurale est organisée autour des concepts fondamentaux que sont les États du Moi. Ces États du Moi fonctionnent séparément en ce sens qu'un individu se trouve toujours dans l'un et seulement dans l'un des 3 états du moi. Cet état du moi est appelé l'EXÉCUTIF c'est-à-dire qu'il est aux commandes. Cependant tandis que l'un des états du moi dispose du pouvoir exécutif, la personne peut avoir conscience de se trouver littéralement, à côté d'elle-même observant son propre comportement. L'alternance des états du moi dépend de la perméabilité des frontières du moi. Une faible perméabilité tend à exclure les états du moi appropriés. Les exclusions du P. de l'A ou de l'E sont toutes pathologiques puisqu'elles empêchent l'utilisation d'un état du moi qui conviendrait mieux dans la situation que l'état du moi qui l'exclut. Par exemple : à une soirée, l'A. exclusif est moins adapté que l'E. une soirée est organisée pour s'amuser. L'A. analysant s'écarte du but fixé à une partie de plaisir. D'autre part une perméabilité excessive est encore une forme de pathologie. Elle se manifeste par l'incapacité de rester dans l'A durant un temps suffisant.

De façon plus précise encore l'A.T. est une méthode pour se changer soi-même. Un des mérites de l'A.T. par rapport à d'autres théories psychologiques est qu'au lieu de plonger dans les arcanes de ce qui est enfoui à l'intérieur de la personne elle invite à regarder immédiatement ce qui est visible à l'extérieur.

La première étape dans la pratique de l'A.T. consiste à apprendre à reconnaître chacun de ces trois états au moment où il se manifeste chez moi et chez les autres. C'est d'ailleurs souvent plus facile chez les autres.

L'Adulte (A) est le plus simple à décrire. Sa fonction est de recueillir, traiter, produire de l'information. Il s'informe et il informe. C'est lui qui choisit et décide. Il s'agit de l'Adulte à l'intérieur de moi. L'Adulte dont il est question ici n'est qu'une partie de moi adulte réel. Par convention quand il s'agit du Parent, de l'Adulte ou de l'Enfant à l'intérieur de moi on écrit le mot avec une majuscule. Quand moi, adulte réel je me renseigne, je réfléchis en vue de prendre une décision on dit dans le langage de l'A.T. que « je me mets dans mon Adulte » ou que je mets l'Adulte aux commandes.

On reconnaît quelqu'un dans son Adulte par le fait qu'il prend les choses et les événements avec recul, sérénité, objectivité.

Pour décrire le Parent (P) qui est à l'intérieur de nous, il suffit de penser aux parents réels que nous avons connus. Ils nous ont nourris, protégés, encouragés, approuvés, parfois ils nous ont défendus certaines choses, en ont imposés d'autres, ils nous ont récompensés ou punis selon que nous nous montrions obéissants ou pas. En effet le Parent est tantôt nourricier, tantôt répressif ou normatif. Chaque fois que je juge, qu'il s'agisse de moi ou d'autrui « je suis dans mon (P). C'est l'Enfant (E) à l'intérieur de nous qui sent et ressent. Il est sensations et sentiments. C'est lui qui éprouve le plaisir et le déplaisir, qui aime et qui déteste.

Cet E à l'état naturel existe chez nous tous. Mais il a plus ou moins de liberté de s'exprimer selon les personnes. Il est en nous la condition de la création dans tous les domaines. A la manière dont s'exprime notre E on reconnaît l'éducation qu'il a reçue. Si nos parents réels ont été avec nous plus A et E que P notre E naturel continue à s'exprimer presque aussi librement que dans notre jeunesse. Au contraire, si nos parents étaient surtout nourriciers ils nous ont appris à être avant tout conformistes (E. adapté), s'ils étaient surtout répressifs ils ont fait de notre E. un Enfant Rebelle.

L'A.T. représente une personne comme suit :

Avec A P E j'ai une première clé pour me comprendre moi-même dans l'instant. A P E sont aussi les composants élémentaires du code qui va me servir à décrire les interactions entre deux personnes. En effet lui et moi ne font plus 1 + 1 = 2 mais bien 3 + 3 = 6 donnant lieu à neuf combinaisons possibles. L'analyse des interactions (ou transactions) consiste à observer lequel des trois (de l'un) s'adresse auquel des trois (de l'autre) et puisqu'il y a retour, qui de (l'autre) répond à qui du (du premier).

Pour simplifier voici les combinaisons les plus typiques :

transactions parallèles horizontales : on les trouve à tous les niveaux (A — A : c'est un échange d'informations exemple : quelle heure est-il ? il est deux heures). E — E on s'amuse ensemble : l'un fait une plaisanterie, l'autre rit. P — P on partage ensemble certaines valeurs, souvent pour approuver ou désapprouver.

Les transactions horizontales parrallèles sont les meilleures : les partenaires sont en même temps dans la partie d'eux-mêmes. Ils vivent chacun l'état du moi qu'est en train de vivre l'autre. Ils sont sur pied d'égalité.

transactions obliques parallèles : le cas le plus fréquent est constitué de la transaction P — E. Ce type de transaction n'est pas conflictuel dans la mesure où il y a complémentarité : le P ordonne, l'E obéit ; L'E. demande du secours, le P. le prend sous sa protection.

Mais l'échange peut ne pas être satisfaisant à la longue : on le voit dans les relations hiérarchiques où le chef se plaint d'être obligé de « tout faire » de « penser à tout » alors que le subordonné se plaint d'être traité comme un enfant et voudrait être reconnu dans son A.

transactions croisées : exemple : où est ma cravate ? (demande le mari) si la transaction est A — A : la question est posée d'un ton calme et la réponse est informative et sur le même ton calme : dans le tiroir de la commode. Mais si le mari pose la question d'un ton qui veut dire : tu n'as pas d'ordre, je dois toujours chercher après mes affaires. Cette question peut accrocher le P ou l'E de la femme — tu n'as qu'à ranger tes affaires toi-même, ou tu m'accuses toujours... Au lieu de se mettre dans son E prête à accepter une remontrance la femme se met dans son P et fait une remontrance. La transaction retour est E — P comme l'était la transaction aller.

56

La transaction est croisée, l'échange arrive à son terme. Le point final est souvent matérialisé (scène de ménage, une porte claque, gifle).

transactions cachées : les transactions réelles sont souvent plus complexes que les descriptions précédentes. On peut jouer sur deux registres à la fois. L'humour consiste à parler avec l'objectivité de l'A et la solennité du P tout en faisant un clin d'œil à l'E. Dans ce cas la transaction est cachée mais consciente. Souvent c'est inconscient.

Une autre caractéristique de l'A.T. est constituée par l'analyse des jeux voir à ce propos Berne (5) et Jongeward (37) (40).

Le contrat : voir les mêmes auteurs.

Le scénario et les positions dans la vie.

Les positions de vie définissent des perceptions fondamentales de nous-mêmes et des autres. La position de vie la plus satisfaisante consiste à avoir le sens de sa propre valeur, en même temps que l'on reconnaît et que l'on accepte les autres tels qu'ils sont. On est alors prêt à agir en collaboration avec eux. C'est la position : je suis OK — tu es OK.

Celui qui a pour base de vie la position (− +) je ne suis pas OK tu es OK doute perpétuellement de lui-même, il ne se sent pas à la hauteur. Il est facilement découragé, il perçoit les autres comme des juges et leur donne le droit d'être des Parents à son égard. Souvent il souhaite que l'on décide et agisse pour lui. La position (+ −) je suis OK tu n'est pas OK est adoptée par quelqu'un qui est le plus souvent « branché » sur son Parent ; il se croit qu'en ses propres valeurs soit parce qu'il pense que les autres ont besoin de lui comme guide ou protecteur ; soit qu'il les méprise. Il se croit seul capable d'agir de façon efficace.

Enfin la position la plus désespérante est la position (− −) (je ne suis pas OK tu n'es pas OK) elle conduit à refuser tout espoir à nier sa propre valeur en même temps que celle d'autrui, elle paralyse toute forme d'action.

Pour une première approche de l'A.T. je conseille la lecture de Harris et de Jongeward (17) (37) et de Jaoui (36).Comme approfondissement rien ne vaut la participation à un groupe d'A.T.

Je termine par un passage de « Naître gagnant (James — Jongeward) (37) qui peut servir de réflexion au rééducateur :

« Pour nous le gagnant est celui qui réagit de façon authentique, se rend digne de confiance, est sensible et vrai à la fois en tant qu'individu et en tant que membre d'une société. Les gagnants ont des potentialités variables. Ce qui compte ce n'est pas la réussite mais l'authenticité. Les personnes authentiques sont capables de révéler le caractère unique de leur personnalité et admettent la singularité des autres. Les gagnants ne consacrent pas leur vie à une conception de ce qu'ils croient DEVOIR être, ils sont eux-mêmes et n'utilisent pas leur énergie à jouer la comédie, à maintenir une apparence, à se servir des autres. Les gagnants peuvent se révéler tels qu'ils sont plutôt que de montrer d'eux-mêmes une image qui plaît, de provoquer ou de séduire les autres... Ils n'ont pas besoin de se cacher derrière un masque. Ils refusent la supériorité ou l'infériorité. L'autonomie ne les effraie pas. Les gagnants savent assurer la responsabilité de leur propre vie. Ils connaissent leur passé, sont conscients du présent et savent l'assumer en attendant l'avenir avec confiance. Ils apprennent à connaître leurs sentiments et leurs limites et à ne pas les craindre. Ils ne sont pas arrêtés par leurs propres contradictions ou leurs ambivalences ».

DE LA CRÉATIVITÉ A L'ÉCOUTE ET A LA DISCRIMINATION

A LA DISCRIMINATION

jeux de création - répétition - imitation

Être créateur, c'est être capable d'une régression rapide et profonde d'où l'on rapporte des rapprochements inattendus, des représentations archaïques — sous forme d'images, d'affects, de rythmes, de processus psychiques primaires —, des rapprochements, des représentations qui vont servir de noyau organisateur pour une œuvre artistique ou une découverte scientifique éventuelles.

ANZIEU D. (41), cité par
(1), p. 122

Faite pour entendre, semble-t-il de prime abord, l'oreille se prend à écouter. Ainsi on peut entendre et ne pas écouter, on peut écouter et ne pas intégrer.

TOMATIS A. (42), p. 61

PRÉAMBULE

Les réflexions qui précèdent — sur la notion de rééducation — n'excluent pas le recours à certains exercices. Souvent même ils sont demandés par l'enfant, l'adolescent dyslexique qui se sentant écouté est prêt lui-même à écouter :

    — à écouter le langage

    — à dialoguer avec lui

Le rééducateur devient alors intermédiaire et partenaire. Les exercices se transforment en jeu, un jeu librement consenti, dont les règles sont claires. Un jeu qui sollicite l'écoute, la créativité, le plaisir de la compétition, de l'échange et de la découverte.

...gratuité du jeu qui peu à peu se mue en communication, observation, réflexion.

Il ne s'agit donc pas :

    — d'un manuel programmé, fastidieux à appliquer tel quel,

    — d'une méthode... — sinon dans le sens étymologique du terme — voie vers la découverte, la rencontre, le plaisir de jouer en manipulant et en créant du langage.

Il s'agit encore moins :

    — d'un guide ou d'un livre de recettes destiné à combler infailliblement les lacunes instrumentales ou autres dont on affuble le dyslexique.

Il s'agit tout au plus :

    — de suggestions à partir desquelles chacun poursuivra sa recherche à son rythme, en fonction de ses goûts, de son tempérament, de ses exigences et de ses convictions personnelles, de désir de s'engager dans le plaisir mutuel créatif et créateur.

Car si «en dernière analyse nous pourrions dire que la rééducation consiste à amener l'enfant dyslexique à découvrir la langue dans sa complexité, dans sa réalité, par la compréhension de ses mécanismes et une participation active du milieu ambiant, condition première de son utilisation et que cette assimilation et cette intégration sont obtenues par la recherche de formes d'expression allant des plus spontanées aux plus élaborées, par la communication, l'observation et la réflexion» (27) p. 145, l'art du rééducateur consiste peut-être à chercher comment préserver ou comment retrouver, re-susciter et ressusciter chez l'enfant et l'adolescent» ce désir de mouvement, ce désir d'agir tout en lui permettant ou mieux en l'aidant à accéder à la création, puis aux formes les plus symbolisées de l'action telles que l'expression plastique, verbale ou mathématique qui sont les mouvements de la pensée» (21), p. 45.

Ou encore de donner au dyslexique la possibilité de créer ses propres structures de pensée à travers une créativité permanente «qui l'empêche de s'enfermer lui-même dans les structures qu'il a créés, qui lui permettes de faire évoluer celle-ci dans un présent permanent. » (21), p. 82

Susciter une créativité qui ne se sclérose pas en tournant sur elle-même… mais qui s'alimente de l'apport constant d'un partenaire, tel est finalement un des objectifs de ce qui va suivre… où chacun bénéficie de l'apport de l'autre pour réveiller, exploiter, enrichir et structurer au maximum les potentialités qu'il possède.

JEUX DE CRÉATION - RÉPÉTITION - IMITATION

MATÉRIEL NON SIGNIFICATIF

Il s'agit de jouer avec les sons en créant des structures syllabiques, en les répétant, en les imitant.

LALLATION : création et répétition de structures syllabiques.
Voyelles :
Chacun à son tour émet des voyelles que l'autre répète. Il s'agit d'une véritable lallation dialoguée selon des rythmes et des intonations différentes.

Eventuellement on recourra à l'enregistreur pour réécouter les productions ainsi créées et les répéter une nouvelle fois à partir de l'écoute de l'enregistrement, ce qui provoque une attention plus fine, plus concentrée. L'enregistreur est un instrument qui plaît à la plupart des enfants.

Ex. a
   a-i
   a-i-o
   a-i-o
   a-i-a-o
   o-o-a-a-u etc.

Voyelles + consonne identique :
On peut proposer le même jeu avec des voyelles différentes et des consonnes identiques :

65

Ex. : la - a-la
a-la-li   insister sur l'aspect ludique
a-la-li-lo   augmenté par le rythme
lo-lo-li-lu-la   imprimer des rythmes différents
lou-li-lala-lu-li-lé

Autres consonnes :   R : ri-
ri-ro
ri-ro-ra
ara-ri-ro-ru
arari- ri-ro - roro-ru

Etc.

P : pa-pi   B : ba-bi bo-bu
pi-pa-po
apa- apapa- pi-po-   K. : ka-ki-ko
aka-iki-oko

M : ma-mi-mo
ma-ami- mimi-
T. : ti-tat-to-tu
N : no-no- ni
ononi- ana- ninino   F. : fafa-fi-fo-
afafi-ofo-fi-
D : di-do-du   CH : cha-chi-cho
di-di-do-do-du   ocho-achi-uchu

S : so-si-su-   Z : ZO-zi-
ozo-zi
V : va-vi-vo-vu-vé
G : ga-gu
J : ja-ji-jéjo   aga-gu-go

Voyelles + consonnes à points et modes d'articulations différents mis ensemble :

la-bi-to
ba-bi-tolabi
ti-la-fu
do-chi-vu
ka-va-bu
apa-ipilu
silatopato

Voyelles + consonnes à points et modes articulatoires voisins :

66

F-S-CH :	fa-si-cho		
	cha-chi-fo--sa		
VZJ :	va-zo-vu		
	ja-vi-zi-ja-va-ji		
PTK :	pi-ka-to	LMNR :	la-ma-na-ra
	pi-ka-to-pa-ka		riro-liro-miro-nilora
BDG :	bi-ga-do	FV :	fi-va
	da-ga-bi-du		vavi-fa-fa-vo
	babido- dobi-ba		
SZ :	sa-zu	CHJ :	chi-ja-ché
	Zu-za		ji-ja-cha-jo-ju
	azisuzasazo		
PB :	pi-bo-ba	TD :	to-da-ti
	opa-bibopa-pu		todo-tida-tudo
KG :	ko-go	PBM :	ma-pi-bo
	ka-ko-gu-kiko		mi-pi-mi-bi
DNL :	to-no-do-lo	SCH :	sa-cha-cho-sa
	oti-duna-lé-na		chéchasiocha
ZJ :	zi-jo-zé	PT :	pato-pita
	ajazijo		apatipatopu
TK :	ka-to-ko-ta	BD :	bido-doba
	kintoto-koukotikotako		ba-babi-do-ba-du
DG :	godogu	MN :	no-mo-ni-mo
	gaga-do-do-guda		anami-numi-mana

LE RECENSEMENT

Il s'agit de ponctuer le nombre de syllabes d'une séquence au moyen d'un geste : on émet une structure syllabique, l'autre la répète en ponctuant chaque syllabe d'un geste qu'il crée avec une partie de son corps (battement des mains, battement du pied, claquement... On n'oubliera pas d'inverser les rôles l'un crée, l'autre imite et ponctue ; l'autre crée le premier imite et ponctue.

suggestions : lapilapa ; simapulo, otidarifi

L'APPEL

Cette fois on effectue à tour de rôle un, deux, trois battements, le partenaire compose une séquence phonétique selon le nombre de battements ou de gestes effectués.

LE DÉNOMBREMENT

On émet une séquence phonétique, le partenaire l'analyse implicitement et annonce par un chiffre le nombre de syllabes qui composait la séquence

Ex. : lipalo : 3
     dochivatala : 5

UNE-DEUX-TROIS

A tour de rôle on dit un chiffre (de 1 à 7) le partenaire compose une séquence syllabique comprenant autant de syllabes que le chiffre indiqué. Le premier la répète (recourir à l'enregistrement est utile en cas de contestation !)

LE CHEF D'ORCHESTRE

Il s'agit de ponctuer le rythme d'une séquence phonétique. On émet à tour de rôle une structure rythmée, l'autre la répète ensuite il la joue en respectant le rythme.

Ex. : pa-la-pi   par ex. 3 battements d'égale longueur
                       plus ou moins brefs
     pa-----la----pi---   3 battements longs
     pilo- -- pali : 2 brefs, un silence, 2 brefs

LA PARTITION

Comme précédemment on émet une séquence phonétique rythmée, le partenaire, cette fois, la transcrit sur papier ou au tableau à l'aide de signes conventionnels.

pa-la   donne par ex. - -
pala----pi-polo---po   ))   )   ))   )

LA DANSE

On donne des traits ou des signes espacés différemment à partir de là chacun crée des structures phonétiques qu'il joue avec le corps.

68

Ex. : -- --
       — - —— -

MIMÉTISME

Chacun émet une séquence modèle. L'autre est invité à l'imiter en tenant compte des indications qu'on lui donne.

Ex. : KA MA LA : fais la même chose avec I au lieu de A
                      (KI MI LI)
ATA - OTO - ITI - OUTOU : fais la même chose avec (M AMA-
 OMO IMI OUMOU)
APADA : fais la même chose en remplaçant a par e, i, ou epidou.
MI MA NU NO MA : remplace M par R ; N par L
        RI RA LO LO RA

LA CHAÎNE SANS FIN

On crée une séquence à deux de la façon suivante : l'un émet une syllabe, l'autre la reprend et en ajoute une, le premier reprend le tout et rajoute un élément

Ex. : a
      ala
      a-la-mi
      a-la-mi-fo-

PAR L'AUTRE BOUT

Chacun à son tour émet une séquence syllabique.
L'autre la répète à l'endroit puis à l'envers.

Ex. : ka-la : ka-la la-ka

L'EMBROUILLAMINI

Ce jeu annonce les suivants (matériel significatif).
On lie une série de mots énoncés sur un rythme rapide, le partenaire doit les identifier le plus vite possible.

Ex. : rat-pot-chat ; chat-bu-thé ; chat-rat-lard
cor-dé-bol ; mie-ton- pur-mur
tableau-mur-lit-sol-rat-du-lu

MATÉRIEL SIGNIFICATIF
Au niveau du mot

KIM

Progression libre : à tour de rôle chaque partenaire émet un mot, l'autre le répète et en ajoute un, le premier reprend le tout et ajoute un mot jusqu'à épuisement.

table
table- orange
table-orange- jardin...

KIM PHONÉTIQUE

La consigne est la même avec la seule difficulté que les mots enchaînés doivent avoir un rapport phonétique.

Ex. : ballon
ballon- talon
ballon- talon- melon

Celui qui commence exprime ce qu'il souhaite ou c'est à l'autre de suivre en fonction de ce qui l'a frappé.

Ex. : *ba*llon peut donner *ba*teau banane etc.

KIM SÉMANTIQUE

Cette fois l'enchaînement suit un lien au niveau de la signification (association d'idées).

ballon
ballon- balle- bulle -boule (objets ronds) dans ce cas à la fois association phonétique et sémantique.

70

eau- mer- lac...
rang-rein-rien-rond-ronde-raie-rire
sien-chien-lien-loin-lin
main-moins-mieux-mien
loin-lieu-lien-loi-loin
mur-mare-mer-mort
fuir-nuire-suie-suite-suivre

gain-gaîne-graine-reine-gamme-gramme
feu-feuille-foule-fouille-fou- faille-
socle-cycle-siècle
fin-frein-félin-fil-fille-fou-fond-feuille-faille
faim-feu-fou-fait-fuit-fuite-frite-frire
fond-front-frein-frais-froid

IL ME RESSEMBLE

A tour de rôle on donne un mot, l'objectif est d'en créer un autre qui lui ressemble en justifiant la ressemblance (on enregistre les réponses).

Ex. : sapin - matin

Mots à proposer éventuellement :

balle	lange	conte	mou
linge	ton	bulle	laine
ligne	nier	lapin	taire
colle	mort	château	sage
rue	main	rouille	poisson
lourd	mouche	masque	coupe
laver	coudre	carte	mur

MEMORY

Ce jeu fait suite au précédent : on redit un mot l'autre doit essayer de se rappeler l'association.

LES ASSOCIATIONS

On présente au partenaire une série de mots à structures phonétiques partiellement similaire. La tâche est de reproduire la série sans se tromper. On commence par deux mots et on avance progressivement.

Séries à proposer :

paix-paire-plaie-plaire
pâle-pêle-peler-pelure-pâleur
pâle-pêle-pile-poule
pie-plie-plomb-plein
piler-pallier-poulailler
polir-pâlir-partir
pain-plein-plomb-peu-pneu-bleu
pain-main-vin-nain-rein- sein-
riz-rein-rien-roi-rond-roux-roue
piler-pilier-piller-pallier-papier-parier
pâle-pâlir-partir-pratique-arctique-article
bouquet-paquet-baquet-coquet-biquet-hoquet
eau-veau-chaud-beau-taux-toux-roux-cou-clou-sou
pire-dire-mire-sire-cuire-frire-
sable-table-câble-stable-fable-étable
moule-foule-boule-poule-roule-coule
mouler-couler-fouler-bouler-rouler-couler-boucler
bouche-mouche-souche-touche-louche-fourche-pousse-tousse-
    rousse
paire-plaire-pelure-pâleur-malheur-peler-plier-crier-scier
piller-pilier-palier-payer-essayer
pain-plein-pont-plomb-bond-bain-
pan-pain-plan-main-cran-crin-grand-grain
pain-plein-pont-plomb-pan-plan
pie-pire-pitre-fuite-suite
cou-cour-courir-pourrir-fou rire-
cour-cor-cri-craie-cran-crainte-craindre-plaindre

QUI AVEC QUOI

L'objectif est l'élaboration d'associations sémantiques. On choisit un mot « source » l'autre en crée un autre qui a un rapport de sens avec le premier, on en ajoute un troisième.

On enregistre les réponses.

Après l'obtention de quelques séries on reprend le mot inducteur et on essaye de reconstituer toute la série.

Mots à proposer éventuellement :

source	village	froid
carotte	parler	partir
inondation	trop	sport
vacances	hiver	beau

72

LES DUOS

L'un des joueurs propose une dizaine de mots pairés.

L'autre écoute et essaie de reproduire les paires soit à partir d'un des deux mots soit entièrement de mémoire.

Paires à proposer :

couteau-lame	abeille-butiner	sel-sucre
bouquet-fête	miel-doux	eau-source
parler-écouter	aimable-souriant	vie-mort
sortir-entrer	appeler-répondre	bébé-biberon
couper-raser	inventer-copier	pomme-pelure
vieux-vieillard	grand-petit	propre-sale

L'ASSOCIE

L'un dit un mot, l'autre trouve un autre mot étroitement associé en justifiant sa réponse.

bon-mauvais
blanc-noir
    Etc.

Au niveau de la phrase

LA PROCESSION

L'objectif est de constituer une phrase à deux ou à plusieurs en ajoutant chaque fois un nouvel élément aux autres éléments préalablement répétés.

Ex. : le
        le garçon
        le petit garçon
        le petit garçon blond

Mots inducteurs à proposer pour débuter :

je	bientôt	pourvu que
tu	lorsque	un
la	quel	une
que	nous	on
comment	si	

LES RELAIS

Cette fois on constitue une histoire en alternance, chacun ajoutant l'un ou l'autre élément après avoir répété ce qui précède.

Ex. : il était une fois
il était une fois un petit âne
il était une fois un petit âne gris qui s'appelait Grison...

QUI LE DIRA

L'objectif est d'arriver à répéter intégralement des phrases de plus en plus longues (enregistrer si possible).

On peut au préalable enregistrer le matériel qu'on n'aura plus qu'à écouter à deux ou à plusieurs et qu'à répéter.

Phrases rimées

sous le pommier
en plein été
j'aime m'étendre
dans l'herbe tendre

dans le sous-bois
parfois on voit
devinez- quoi
un tas de noix
que font-elles là ?

quand vient le soir
quand il fait noir
on croirait voir
il faut me croire
sur le trottoir
un arrosoir

un avion passe
il laisse une trace
la trace s'efface
est-ce donc une farce ?

je ne sais pas
ça vraiment pas
pourquoi le chat
a peur du rat

La lune
sur la dune
est brune comme une prune

74

la dune sous la lune
grelotte dans la brume
Ce mouton là
s'appelait Blanchon
il était blanc
comme dit son nom

il habitait près
d'un moulin
qui comme tous les moulins
moulait du grain

il aimait bien
notre Blanchon
de voir les ailes du moulin
tourner en rond
enchantant sa chanson

je mouds le grain
le gros, le fin
je mouds le grain
du père patin

le grain deviendra farine
la farine deviendra du pain
le pain fera des tartines
des   grosses,   des   moyennes   et
des fines

Blanchon avait des amis
des   grands,   des   moyens,   des
petits
il y avait la souris blanche
encore plus blanche que blanchin
il y avait le chien Phébus
grognant comme un autobus
il y avait le bœuf cendrin
toujours au poste
soir et matin
pour regarder passer le train
il y avait maman blanchette
la maman du petit blanchin
blanche comme une chevrette
douce et tiède comm un manchon

il y avait l'âne coco
Il y avait l'âne coco
qui tirait si bien le chariot
où s'entassaient les sacs de grain
qu'on dégargeait près du moulin

Le vent dans les voiles
souffle et vole et va
mille et une étoiles
lui parlent tout bas

qui va la
qui va la
je suis le vent
je suis le vent
je gonfle les voiles
les voiles du bateau
le bateau s'en va
qui va la qui va la

un gros chat noir
sur un trottoir
un chien qui passe
il le menace
le chien aboie
le chat s'en va
le chien le suit
le chat s'enfuit
sur le trottoir
on ne voit plus
le gros chat noir
le chien non plus

dans le jardin
au petit matin
se promenait
tout guilleret
un gros lapin
il allait et venait
il sautait et riait
broutant le serpolet
perché sur un sapin
un drôle de petit nain
lui dit d'un air malin
si tu aimes le thym
au tournant du chemin
tu en trouveras un brin
il t'attend depuis ce matin

il était une fois
un bourgeois brugeois
prénommé françois
le roi l'appela
il lui demanda
s'il savait pourquoi
on l'appelait françois

Dans ma salle à manger
il y a une cheminée
dans ma cheminée
j'entends les bûches craquer
les flammes qui les lèchent
brûlent comme des mèches

je ne le sais pas
répondit françois
si je le savais
je vous le dirais

c'est bon dit le roi
françois rime avec roi
c'est un nom de roi
je te prends avec moi
à deux nous serons rois

le chat gris mistigris
près du feu s'est endormi
il songe à quelque souris
qui traînerait sur le tapis
mais tic-tac
quel est ce bruit?
est-ce un cri?
c'est une souris
qui s'aventure sur le tapis
tout près du chat mistigris
Mistigris se tapit
puis il bondit
la souris fuit
elle crie hi-fi
petit mistigris
je suis ton ami
mais oui,mais oui
dit le chat gris
qui réfléchit
ah! quel ennui
et puis tant pis
un gros chat gris
et une souris
ça peut faire une paire d'amis
et il sourit
et il s'assit
se rendormit
quel impoli
dit la souris
qui s'étendit
tout près de lui
et c'est ainsi
que Mistigris
et la souris
sont devenus
de bons amis.

Phrases de type descriptif

   Les coudes appuyés sur ses genoux, il cacha son visage dans ses mains.

Ayant roulé, lentement, vent debout, il tire à lui la manette des gaz.

L'avion, happé par l'hélice, fonce.

Les premiers bonds sur l'air élastique s'amortissent et le sol enfin paraît se tendre, luire sous les roues, comme une courroie.

Le maître de ce commerce était très grand, très maigre et très sale.

Il était petit, mais large d'épaules et fortement musclé.

Au centre, une grande villa neuve, en pierres grises, avec terrasses, pièce d'eau et parterre non encore fleuri.

Il pleuvait, les rues étaient pleines d'une boue noire.

Le vent agitait les persiennes du premier étage.

On entendait l'horloge de la vieille ville sonner les heures et les demies.

De sa fenêtre, il avait aperçu le port désert où une grue solitaire déchargeait un bateau de sable.

Des tas de sable attendaient d'être étalés sur la nouvelle route qu'un rouleau compresseur barrait à moitié.

Au sommet de la falaise, un hôtel, où plutôt un futur hôtel inachevé, aux murs d'un blanc cru, aux fenêtres closes à l'aide de planches et de carton.

A l'endroit où un pont de pierre enjambe la rivière qui vient se jeter dans le port, il y avait un groupe de curieux, entourant une petite auto.

En entrant dans la maison, l'homme a eu un regard heureux pour chaque chose.

Il y avait un beau jour gris, doux comme un pelage de chat.

Il coulait par la fenêtre et par la porte et il baignait tout dans sa douceur.

Le feu dans l'âtre soufflait et usait ses griffes rouges contre le chaudron de la soupe et la soupe mitonnait en gémissant et c'était une épaisse odeur de poireaux, de carottes et de pommes de terre bouillies qui emplissait la cuisine.

On entend les écureuils, pendant de belles nuits d'été, crier en courant sur les arbres les uns après les autres.

LE RADAR

On choisit un livre, chacun à son tour on recherche les phrases descriptives qu'on lit à voix haute et que l'on demande à l'autre de répéter textuellement.

Ou mieux encore, chacun à son tour invente une phrase descriptive que l'autre répétera mot pour mot.

Phrases à structures pronominales

que dis-tu?
  où est-elle
tu me le dis
tu ne me le dis pas
ne le lui dis pas
tu la lui diras
il faut que vous la lui disiez
il faut qu'il en soit ainsi
les leur avez-vous donnés?
il ne faudrait pas qu'il soit en retard
nous nous sommes déjà rencontrés souvent
voudraient-elles nous téléphoner ce soir?
ils s'en iront d'ici demain peut-être
ils y sont allés en mars mais en sont revenus plutôt déçus
ils n'y sont pas allés contrairement à ce qu'ils avaient prévu
elles en sont revenues plus tôt qu'on ne l'aurait cru
il en est revenu plutôt déçu contrairement à ce qu'on s'attendait
nous n'avions pas été mis au courant des décisions qui avaient été prises?
ils s'en sont servis après en avoir étudié le mode d'emploi
nous n'étions pas certains qu'ils comprendraient les indications qu'on leur avait fait parvenir
il se peut que les enfants que nous avions invités pour passer les vacances à la mer ne pourront venir car ils ont déjà d'autres projets.
  Ils s'en sont tirés à bon compte avec plus de peur que de mal

ils ne s'en sortiront pas tant qu'ils ne s'y mettront pas avec plus d'ardeur.

on avait pensé à beaucoup de choses mais jamais on aurait cru que cela se terminerait de la sorte

pourquoi avez-vous souhaité qu'ils aillent voir ce film qu'ils ne connaissaient que pour en avoir vu des extraits à la télévision?

DE LA DISCRIMINATION
A L'ANALYSE

jeux de discrimination et d'analyse

MATÉRIEL NON SIGNIFICATIF

Il s'agit de sensibiliser l'oreille à la perception d'un phonème au milieu d'un ensemble. Le matériel à discriminer est de plus en plus difficile.

LA BONNE NOTE

A tour de rôle on propose une série de syllabes et on demande : « qu'entends-tu qui est la même chose quand on dit... »

Ex. : fa - ra - la - : a

Séries à proposer :

fa - a - ka	mo- ni- mu
o - i - u - a - o	ki- ri-ti-ali
lila - mano	ku- vu- mu- pu
ra - ti - do - la	to- no- ro- so
fu- lu - aku	si- sé - su- sa
mou - kou- alou	rali- muro-féran-ronkon
oubou-fou-talou	agopu- gu- garo- gué
o- i - a - i	panti-lanru-makan
ka- ko- ku- ki	lon-mon-ron-ovon
mi- mo- ma- mé	zi-zu-ozé
coi-foi-toi	pi-pa-po-pu
afo-fan-afi	beu-noveu-feuli
oti-tu-ta-tan	opail-abail-rupail
koi-poi-toi-soi-loi	gamala-tirapa-sacafa

den-panti-fan-rolan
dodu-dipa-dédin
bipu-bopa-kéban

minufi-bitilo-richivi

LE MOT DE PASSE

Il faut trouver la syllabe commune :

fila-lamo-pula
cra-cre-cri-cro
oko-moko-tipoko
abri-brimo-nobri
aduro-ridura-faduli
lipo- fapo- cripo
charapi-pichofi-upilo
arapi-folara-minara
kricali-krocalo-krucalu
bonti-fibon-munubon
taripu-fatali-minotz
tibara-rapofu-flimaru
falami-salami-talami
timo-tamo-copumo
karibou-ruboufa-fonboulo
filapo-mifila-corafila
alimo-falimo-rapalimo

signalu- rognalu-cougnalu
caraco-caracra-caracara
crokica-corkica-rocakica
arapo-ararpro-apara
arpi-farpi-arpifa
boumila-milacou-amoumila
kofatu -komitu-koroutu
sarilo-safulo-samoulo
ocalapimu-ticalafo-gopoucala
alimofa-folipufa
monafa-mopufa
toutanka-toutika
privatamo-taratilami
parativa-karotova
karotova-miratopa

PAS SI FACILE

Qu'entends-tu qui est la même chose :

a- oi- a
la-foi-fa
loi-la- la- loi
é-i-i-a
oi-a-oin-a
in- ien-oin-ien
pin-din-sin
mon-mien-min-moin-min
in- un- un
lun-lin-lun
lien-loin-lin-loin

pa-ba-ta-pa
pibo-pipo-pibo
todu-dodu-dodu
mani-mami-mani
té-lè-mé-té
za-si-zozi-za
vu-vo-fi-vé
chi-ja-cha-ji-chi
kiko-guiko-kiko
i-é-ou-é-è
an-in-an-

84

LA TRANSFORMATION

L'objectif est de percevoir les éléments semblables et dissemblables entre des structures syllabiques pairées.

Consignes : écoute les mots qui n'ont pas de sens. Fais bien attention pour déceler ce qui est commun et le changement qu'on a effectué dans le 2e mot.

ex. lamifa - lamito lami reste fa est devenu to

cami-comi

mali- lima

coi- coin

covola-rovola-

covola-cofola

falo- filo

falu-fapu

pilo-lipo

pilo-lipo

pilo-lapi

foi-foin

foi-voi

cokako- coukacou

alima-olima

alima-aliba

calomi-coulomi

opalimo-opolimo

opalimo-apalimo

roipimoi-roipimoin

folomi-folomin

kogato-gagato

poumo-boumo

onufa-onuba

soli-moli

soli-sali

sola-sofa

tirapa-firapa

tirapa-tarapa

parapa-palapra

paradi-parado

noi-moi

nokufo-mokufo

nokufa-nokuva

nokufo-nogufo

nokufa-nikoufa

vagatou-vagaton

kivalin-kivalien

chouraki-choraki

jolima-cholima

jolima--jolima

boliveil-bolivail

boliveil-poliveil

poli-poili

poula- lopou

polipa- polipa

barata- biriti

parga- parka

riborda- piborta

trapu- crapu

chivon- vonchi

cartasu- garrasu

valamo- valno

valamo- valano

siboulota - zipou-la-ta

marmita - narmita

cochovi- cojovi

ziferti- ziverdi

pastogo- pastaga

mirivito- mirivito

marvito- marfito

OU SUIS-JE ?

A tour de rôle on fait entendre une syllabe, l'autre la répète et la retient. On dit ensuite d'autres syllabes le partenaire fait un geste chaque fois qu'il reconnaît la syllabe clé.

Structures à proposer et à émettre de plus en plus rapidement :

TA : fa-ta-ra-chata-sita-tala- va- vata- ratavata- etc.

JE TIENS MON RANG

Chacun à son tour on donne une syllabe clé.

On énumère ensuite 3, 4, 5 syllabes.

Le partenaire doit dire le chiffre correspondant à la place de la syllabe clé (à faire de plus en plus vite).

Ex. : PI : mi-pi-bi le partenaire dit 2
SA- : sa-ta-sa
OI : oin-a-oi-oi-oin
AP : pa-ba-ap-at-ap
CRA- car-cra-rac-car-cra
VU : fu-vu-tu-fu
OKA : opa-oga-oka-oka-oga

etc.

LE QUANTIÈME

L'objectif est de localiser un phonème au sein d'une syllabe.

Consignes : à tour de rôle on dit une syllabe, le partenaire cherche combien il entend de sons, ensuite il localise tel ou tel phonème.

Ex. : KRA : j'entends 3 sons
où est le A : en 3

On refait le même jeu en recourant à un représentation graphique

Ex. : KRA --- que représence la première barre, la 3e, etc.

A : pla cra ar arfa arfara alpa fra arf rafar ata
pal raf ab pala ca archa al apala ca cra bla

```
         bal  bra  bar  arba  barba  baraba  arca  raca
I   :  fi  fri  fir  iri  irfi  friri  irfi  firifi
        pli  pil  pili  pilpi  ilpi  pilpli
O      PO  OP  fop  poro  orpo  ropo  forpo  do  ro  or  doro
        ordor
U   :  mur  ru  ur  uru  cru  cru  furu  uri  utru  uturu
P   :  pa  pla  alp  alpa  ap  arp  rap  pra  parpra
        para  arpa
B   :  bo  bipo  bopob  bilbo  babi  bobro  bor  orbo  bolobo
T   :  at  tra  tarta  dita  ati  utu  catu  tu  ut  uta  atuta
F   :  fra  afr  arfa  fara  firo  fifo  filfo  of  ofifa  rofoli
V   :  va  afova  vi  oviva  vro  orvo  viva  aviva  avovo
G   :  aga  gogu  ogogu  golgo  golo  olgo
        algu  gualga  agalgu
R   :  ar  tra  tir  triro  tirto  dar  radi  liro  rilo  ilro  ilrori
L   :  fal  laf  dil  li  fil  fli  falo  lofa  valva  lorplo  polrol
J   :  je  aje  ijija  jarja  chija  jachi  ichije  ojija
S   :  as  so  os  sirso  orsi
        sur  rus  sursi  sirusi  irsusi  isu
CH  :  aci  icho  ocho  cachi  ocho  ochachi
ON  :  bon  lobon  bonlbon  ondi  dion  ronron  tiron  tirton
M   :  mai  mimo  amimo  omuni
        camu  cadmu  murmu  rumurmu
N   :  numo  monu  mimo
        noni  nomuma  aminoma  minoamo
ou  :  ouf  fou  gou  ourgou  chidou  douchi  fouli  lifou
        adou
```

QUOI DE NEUF?

Il s'agit de percevoir l'élément ajouté ou retranché au sein d'une séquence syllabique

Consignes : à tour de rôle on émet deux séries les répète éventuellement et trouve le plus vite possible (chronométrer) le changement.

```
Ex. :  pi-bo-ma-fi      (
                              omission de bo
        pi-ma-fi          (
```

Syllabes retranchées

```
to-la-mi       fi-ki-ti-li
to-mi          fi-ki-ti
```

mo-nu-pa
nu- pa

                        a- no-fi-lo
                        a-fi-lo

                                                fa - va-tu-do-ti-dé
si-mi-no-la   fa-ko-ti-dé
si-no-la
pi-do-si-fu
pi-si-fu

                                                do-mo-ni-la-fu
                                                mo-ni-fu
                        vi-ka-to-fu-du
                        ka-fu-du
o-li-ma-no-ra
li-ma-no-ra

cha-ka-mi-no-ja   vo-to-di-to-tro
cha-mi-ja   vo-di-tro

par-mi-lu-bo-
par-lu-bo

Séries présentées en désordre

ti-lo-fi
fi-lo
                              si-va-to-lu
                                lu-si-to
do-mi-na-ru
do-ru-mi
                                pa-ra-do-fi-la
                              ra-pa-fi-do

                                          do-lu-si-fé
opi-la-mi   do-fé-si-lu
la-pi-o-mi

                                          cha-ro-to-du
ko-no-vi-la   du-ro-to
no-vi-ka

                            pra-tu-di-ro
vi-sa-ra-tu-do   tu-pra-di
sa-vi-tu-do

                                    ko-no-vi-la
                                    no-vi-ka

vi-sa-ra-tu-do
tu-vi-ra-do

mo-na-va-ri
na-va-ri

vi-sa-ra-tu-do
ra-sa-do-tu

Syllabes ajoutées

to-da
to-da-mi

fi-va-to
fi-va-la-to

do-mi-la
ta-do-mi-la

si-ra-tu
si-lo-ra-tu

o-ri-ta
o-lo-ri-ta-ri

si-fi-li-mi
si-li-fi-li-mi

a-pi-ra
a-la-pi-ra-pi

ko-ka-cra
ko-ka-kra-ka

mi-ni-vo-si
lo-mi-ni-vo-si

pi-ri-to
to-pi-ri

a-vu-chi-ra
a-mi-vu-chi-ra

sa-no-vi
sa-no-sa-vi

pi-tu-ri-do
a-pi-tu-a-ri-do

a-ku-ja-pi
a-ku-ja-mi-pi

o-mi-no-vi
o-mi-no-vi-lo

pi-to-ra-mi
pi-to-a-ra-mi-ra

Séries présentées en désordre

mi-no
no-mi-lo

do-ri-ka-to
do-ri-to-ka-vi

va-ti-ro
ti-la-va-ro

pi-da-ko
pi-da-ko-li

si-lo-mi
si-mi-la-lo

mi-nu-vi
nu-vi-mi

pi-do-ka
do-ka-la-pi

a-li-ra-tu
a-ra-li-tu-vi

si-ga-ro-ma
si-ro-ga-ma-ta

la-ka-ra-chu
ko-la-ra-chu-va

ti-do-lo-ri
do-ti-ri-lo

olo-mi-no-vi
vi-do-mi-ma-no

a-la-li-ra-tu
tu-a-la-ri-ra-li

PLUS OU MOINS?

Il faut dire le plus vite possible la syllabe en plus ou en moins.

Séries présentées en ordre

do-la-ri
do-la-ri-va

pi-ra-kra
pi-la-ra-kra

pi-ra-kra
pi-kra-la

di-ra-si-va
di-ra-si

do-la-ri
do-ri

si-ta-vi-cho
si-vi-cho

a-ri-mo-no
a-mo-no

a-ri-mo-no
a-la-ri-mo-no

so-li-ra-mi
so-li-ra-mi-to

si-li-ra-mi
do-si-li-ra-mi

di-no-ka-vi
di-ka-vi-ta

mi-no-ka-sé
mi-ka-sé-lu

o-ti-ba-to
o-to-ti-ba-to

odri-vi-to-ba
o-odri-vi-ba

di-no-ka-vi
di-no-vi

a-chi-ba-tu
a-ba-tu-

pi-ra-ti-va
pi-ra-ti-va

a-ma-lu-ba-lu
a-ma-ba-lu

plu (pul-mar-tel
pu-plu-mar-tel

Séries présentées en désordre

do-ra-li
do-ri-la

da-ru-ku-to
da-la-ra-ku

to-do-ri-ka
do-ri-lo-ka

mo-ni-si
mo-lo-ni-si

pi-ra-to-vi
pi-lo-ra-vi-to

da-ra-ku-to
da-ku-to-ra-la

si-lo-ni-va
si-va-mo-ni-li

si-mo-ni
si-lo-mo-ni

si-no-mi-va
si-mi-no-va-li

pu-ra-to-vi
pu-chi-ra-vi-to

pu-ra-to-vi
pu-to-ra-vi

li-mo-na-du
li-mo-va-na-du

mo-ni-do   mo-ni-do   pa-ki-ro-si   mo-ni-do
mo-do-ni   mo-do   pa-ki-si-ro   lo-mo-do-ni

pu-ra-to-vi
pu-chi-ra-vi-vi-to

                                                do-sol-mar
                                                do-mi-sol-mar

                                mar-mi-sol-do
va-chi-co-ton   mi-marsol-do
va-co-chi-ton
                                                plu-pul-mir-bel
                                                pu-plu-bel-mir-pul

MATÉRIEL SIGNIFICATIF

Au niveau du mot

LE DIAPASON

Il s'agit de discriminer certains éléments phonétiques communs.

On émet une série de mots, le partenaire a comme tâche de dire le plus vite possible quel est le son qui revient le plus souvent.

cadre-animal-sable-partir
fenêtre-semer-crevette-neveu
inviter-vieux-gris-pile-plie-épice-praline
cadre-animal-sable-partir
fenêtre-semer-crevette-neveu
devenir-appeler-retrouver
barbe-habit-caramel-farine-salade-panier
seul-feutre-fleur-odeur-preuve-pleurer
pleurer-beurrer-leurrer
piano-miauler-vitre-cirque
cinéma-assiette-tige-écrire
inviter-vieux-gris-pile-plie-épice-praline
poste-fort-volet-force
chapeau-manteau-jaune-fauve
défaut-aussi-taupe-aucun-épaule-saucisse
ôter-côte-apôtre-nôtre
munir-cru-étude-connu
chute-minute-déluge-allumer-costume-lune-punir-pelure

92

bandit-éléphant-quarante-grandir-demander
chanson-franc-étrange-étang-plante-mandarine
vendre-entendre-ralentir-dent-dentiste-envie
défense-immense-entier-centaine-encens
sapin-dindon-mince-marin-orphelin
singe-incendie-épingle-instinct-incident
craindre-plaintif-maintenir-sainte-train-parrain-dédain
peinture-éteindre-enceinte-teinture
frère-fève-élève-salière-espèce-sirène
corset-hochet-allumette-violet
ballon-longer-biberon-bonbon-rebondir-carafon-ondulation
lundi-chacun-brun
courir-chou-mouchoir-tourner-hibou-jouet-journée-coussin
couloir-étoile-coiffure-observatoire-étoile
devenir-appeler-retrouver
barbe-habit-caramel-farine-salade-panier
seul-feutre-fleur-odeur-preuve-pleurer
pleurer-beurrer-leurrer
piano-miauler-vitre-cirque
cinéma-assiette-tige-écrire
verdure-fermier-verbe-perle-escalier-pierre
soin-lointain-pointure-rejoindre
italien-bienfait-rien-chiendent
feuillet-fauteuil-feuillage-cercueil
ferme-affiche-fleur-étoffe-farine-offrir
solfège-salade-russie-dessert-aussi
ciseau-accident-merci-certain-doucement
vache-cochon-chercher-achat-riche
voler-avaler-hiver-vendeur-arriver-enveloppe

zéro-azur-zèbre-gazon-quatorze
ruse-cousin-rose-valise-remise-désirer
jument-jouet-joli-jaune-ajouter
girafe-argent-geler-cage-geste-boulanger
chocolat-coquelicot-limace-fleur-fil-livre-gilet-joli
aimer-mouche-comique-imiter-maison-murmurer
aliment-animal-moulinet-humide-armoire-image
canne-anniversaire-animal-nouveau-ornement-prunier
agneau-ligne-cogner-signer-ignorant-bagne
haricot-encrier-mare-nourrir-caramel
paquet-occuper-papier-copie-poulet-découper
tablier-ortie-martine-train-étaler-vitrine
képi-kilo-kangourou-kaki-ski-moka
couper-copie-canif-opaque-crique

abattre-obus-barbe-arabe-obéir
gamin-guerre-bagages-gagner-navigateur-grue-organiser

LA CLÉ

Il s'agit de reconnaître plusieurs éléments communs.
Chacun à son tour on écoute une série de mots.
La tâche consiste à trouver le plus vite possible ce qui est commun à l'ensemble des mots.

Exemple : bouchon — bouton — boulon : ou on

Mots à proposer :

ami   permis   demi
bateau   manteau   château
paquet   banquet   bouquet
glacer   placer   lacer
toiture   confiture   garniture
manger   danger   ranger
nommer   gommer   assommer
papier   panier   palier
François   français   franchir
fromage   frotter   frottoir
barrer   ballon   banane
poulet   filet   mollet
arme   arbre   arche
faute   fauve   faucille
fumée   fusil   furieux
curieux   sérieux   pieux
affreux   heureux   désireux
heureux   chaleureux   malheureux
paresse   kermesse   hôtesse
froment   fromage   frotter
chien   mien   rien
étoile   élève   échelle
cartable   carton   cartouche
commun   commerce   communiquer
journal   bocal   animal
construire   confort   condition
fixer   filer   ficeler
étincelle   ficelle   nacelle

flamand flamme flatter
révolution solution dissolution
diffus confus refus
mentir sortir vêtir
gonfler gondole Gonzague
goûter goudron goulot
boucher boutique bouton
poivre poire poignet
poli poche potin
punir pupitre pu
fiche fil filleul
fini fixer finesse
orge organe orgueil
palais pâleur paletot
fourmi parmi dormi
patin potin latin
presser presque prestige
projet rejet objet
marcher chercher tacher
nettoyer employer aboyer
dégeler congeler surgeler
acrobate date écarlate
penser dépenser récompenser
essence silence semence
cabane liane savane
cheveu cheval chemin
ailleurs plusieurs tailleur
armer archer arpent
époque pendeloque bicoque
défense dépense décense
parfaite satisfaite stupéfaite
sonner sonore solide
enfant enfin enfoui

LES LIENS

Il s'agit de discriminer les mots les plus proches au point de vue articulatoire.

On fait entendre 3 mots qui se ressemblent, la tâche du partenaire est de découvrir cette ressemblance et d'assembler les mots deux par deux selon un lien à objectiver.

Ex. : pur pour sur : je rapproche pur ˙ sur (ur)
                           pur pour (p)

Triades à proposer :

ma moi noix
pou pus sou
fa foix voix
fut feu vœu
fou vous vu
foin fin vin
loin lien lin
lin moins loin
lien mien lin
lien mien lin
lui Louis nuit
feu feuille vœu
bon banc blanc
blond bon beau
bain bien pain
tout doux don
fuite vite vitre
frais vrai fraise
fui fruit fi
huit oui lui

bris bruit pris   abri appris habit
mal maille sale   chat choix joie
nous nouille mou   rat roi loi
brun brin bain   rue roue lue
feu feuille vœu   mine mène naine
pelle paie belle   moine manne panne
soin sein sien   peine reine veine
soin loin lien   peu pieu vieux
gras grand rang   pain point bain
cou clou goût   barre boire noir
fait vais fée   la loi noix
mer nerf né   fuir luire lire
fin foin vin   poule boule bulle
vol folle foule   peu peur beurre

CRÉER DES LIENS

Chacun à son tour invente des mots qui vont ensemble en expliquant pourquoi.

96

LE REMPLAÇANT

Il s'agit de percevoir la substition d'un élément
consignes : à tour de rôle on émet une paire de mots.
L'autre doit trouver le plus vite possible la différence phonétique entre
les deux mots et le sens de chacun des mots.

Mots à proposer :

val vol
bal bol
belle bulle
malle mille
crème crime
colle coule
mille molle
rime rame
faire fort

range rouge
chine chaîne
plat plant
rude ronde
miche niche
miche manche
cidre cèdre
neige nage
range rouge
orange orage
lieu lien
loin-lien
craquer croquer
poule pâle
brasse brosse
brun brin
pelle belle
pelle pile
frais froid
vouloir valoir
rêve rave
passer pousser
écarter écourter
terne tourne
sourd sur
barre bure

gris grès
gros gras
poche pêche
criquet croquet
mule mâle
ride daide
souper saper
raser duser
las lit
deux doux
don deux
base bise
chaque chèque
troquer truquer

grade gronde
poisson pinson
bagne baigne
cor cure
grave grève
sol sel
flot flou

base   basse
ruse   russe
douce   douche
danse   panse
chute   chatte
souffler   siffler
monture   mouture
exalter   exulter
mousser   masser
valoir   vouloir
tante   tonte
buse   bise
grappe   grippe
homme   hume
pus   pou
tireur   tiroir
sortir   sertir
cacher   coucher
griffer   greffer
accident   occident
gloire   glaire

arme   orme
campagne   compagne
même   mime
pore   paire
sac   sec
fou   vous
seuil   deuil
vin   fin
coussin   sousin
pain   bain
couper   couler
fendre   pendre
chou   joue
mage   page
bon   son
fer   vert
pur   sur

prise   brise
pain   bain
main   pain
gai   quai
boule   coule
patte   datte
chou   joue
mage   nage
lait   mai
trois   droit
cesse   messe
croupe   groupe
mèche   pêche
caisse   baisse
massage   passage
vendre   fendre
latin   matin
sapin   satin

98

L'AUTRE

Chacun à son tour on dit un mot, le partenaire doit trouver un autre mot qui ne diffère que par un élément.

monte	lait
rose	sec
dur	poche
sur	mer
vite	mare
rage	monte
voiture	bille
meringue	moucher
ceinture	nappe
résine	ville
miel	sage
lion	
ligne	casser
chose	causer
rouiller	denture
ronde	dentier
dent	cœur
mince	sang
terme	honte
frange	huche
sabot	peau
border	suer
fricoter	corneille
grillade	bercer
noir	cogner
gomme	fente
corne	salon
couple	neuf
pétale	baigner
chenille	

L'INVITÉ

Il s'agit de découvrir le plus vite possible l'élément ajouté.

peur	pleur		fade	farde
offre	coffre		peu	pneu
sole	solde		rade	grade

plaie	plaire	suc	sucre
onde	sonde	rime	prime
poli	polir	bave	brave
pose	poste	are	tare
pou	pour	face	farce
soc	socle	envoi	renvoi
ride	bride	boue	boule
courir	couvrir	base	basse
écu	vécu	code	corde
erreur	terreur	conte	contre
rire	frire	face	farce
pan	plan	roche	croche
avion	aviron	tente	trente

J'INVITE

Cette fois chacun à son tour propose un mot à l'autre qui doit en trouver un qui ne diffère du premier que par l'addition d'un élément.

Mots à proposer :

mari	fiche
meule	ombre
mère	tombe
fuit	coller
bosse	avion
Etc.	

LE DISPARU

Il s'agit cette fois de supprimer le plus vite possible un élément.

croule	roule	pile	pie
mardi	mari	plie	pie
clou	cou	rougir	rougi
graisse	grasse	casier	caser
gronde	ronde	trente	tente
trouble	rouble	charme	arme
rosse	rose	mouche	moue
crime	rime	trousse	rousse
gramme	gamme	grogner	rogner

100

larme   lame
grade   rade
croûte   route
recouvrir   recourir
mètre   mère
corde   cor
marbre   arbre
torture   tortue
crosse   cosse
ordre   ode
ordure   ordre
vivre   ivre
crasse   casse
trousse   tousse
étrangler   étranger
sacre   âcre
maigrir   aigrir
touer   rouer
trover   trouer
gorge   orge
terreur   erreur
tirer   tire
tiret   tire
titre   tire
écaille   caille
entendre   tendre

coffre   offre
ville   vie
pliant   plant
vivre   ivre
monstre   montre
draper   raper
éteindre   teindre
plancher   planche
centrer   entrer
centre   entre
crouche   ruche
cloche   coche
poivrier   poivrer
proche   roche
tiare   tire
phare   are
crue   rue
coupler   couper
coupler   couler
figure   figue
champignon   champion
crotte   cotte
magie   mage
poulet   poule
frange   fange
monstre   montre

JE RETIRE

Chacun à son tour on propose à l'autre mot à partir duquel il faut en élaborer un nouveau en retranchant un élément.

Mots à proposer :

briquet	caramel	contre	route	prie	boucle
perte	tricher	corde	drame	trente	postier
sombre	marcher	poste	puce	cadre	croupe

JE ME DÉPLACE

Il s'agit de reconnaître le plus vite possible les interversions phonétiques.
On donne une paire de mots, le partenaire les répète et exprime ce qui a été déplacé.

mare   rame   épave   pavé
rime   mire   châle   lâche
mille   lime   motte   tome
mâle   lame   soda   dosa
miche   chine
cigare cirage   signe   signe
crasse sacre   linge   ligne
ruse   sûre   troupe   poutre
sauce   cause   ravi   vira
sac   cas   tige   gîte
étape   pâté   charme   marche
alpin   lapin   varier   ravier
argot   ragot   riva   ravi
olive   viole   valise   salive
ruine   urine   soir   roi
ruine   nuire   cirque   crique
jeter   rejet   coupe   pouce
orgue   rogue   récent   centré
tuile   utile   appel   pela
valeur laveur   miser   remis
rude   dure   remise   misère
vapeur paveur   onze   zone
limace malice   lune   nul
ramée   marée   lame   mâle
visa   avis   cor   roc
pilier plier   corse   crosse

tulle   lutte   regard   garde
rage   gare   trou   tour
chôme   moche   poli   poil
cogner congé   bourse   brousse
rogner ronger   ruine   nuire
bute   tube   gerbe   berge
calquer claquer   valise   salive

CHANGE-MOI DE PLACE

Cette fois on donne un mot à l'autre.
Il doit en créer un autre en déplaçant un élément.

Mots à proposer :

nage   sauce   nappe   ruine   salive   nôtre
rigide   tache   marche   soufre   vapeur   urée
ramier   troupe   crâne   noce   etc...

102

QUE SE PASSE-T-IL ?

Il s'agit de repérer le plus vite possible ce qui différencie les paires de mots.

drame dame	souper couper
bonne borne	malle maille
peine pleine	ronde raide
roi croix	pcire cidre
roi roux	pousse soupe
miche mie	lâche châle
rave grave	rapide raide
caser casier	rapide rapine
touche mouche	pari pria
rude dure	âge rage
sac lac	âge tapage
boire bière	pomme homme
gare grade	savoir avoir
roule rue	râteau gâteau
roule rôle	nous vous
roule croule	non bon
suce sucre	chasser masser
soir voir	longer songer
coton cochon	porche porte
coton cocon	juge luge
savoir avoir	baron ballon
voir avoir	carreau barreau
unir munir	tombe bombe
coller collier	gosse cosse
plage page	pour jour
cacher cocher	sec bec
vallée lavée	bac sac
sein sien	pile plie
foi foin	guide digue
suc sucre	foncer froncer
phase phrase	duc donc
valeur voleur	élire délire
mal mail	solde solide
male lame	massif passif
masse tasse	tenture teinture

CHACUN SA TAILLE

Il s'agit de prendre conscience du nombre de syllabes dans le mot.
On peut partir d'images que l'on nomme et que l'on classe selon le nombre de syllabes.

On peut aussi énoncer des mots à tour de rôle.
Le partenaire exprimera le plus vite possible le nombre de syllabes.

pont sou poli jardin aliment jardinier
alimentation journal poulain fermeté canari canard
canapé médicament dortoir arrêt tourner détourner
etc...

LES MUETS

Il s'agit de découvrir les syllabes muettes.

Chacun à son tour on cherche un mot qui présente une syllabe muette.
C'est à qui en trouvera le plus et le plus rapidement.

Ex. : pore pomme cerise joue bracelet mademoiselle
habileté boulevard...

SUR MESURE

L'objectif est de rechercher des mots contenant un nombre X de syllabes selon certaines catégories.

des fruits
des légumes
des arbres   fleurs
vêtements
animaux
parties du corps
actions
qualités défauts
couleurs
mesure du temps ; de l'espace ; le lieu quantité...
objets outils
prénoms etc...

Au niveau de la phrase

L'IDENTITÉ

Il s'agit de prendre conscience de l'individualité des mots au sein de la phrase.

A tour de rôle on émet une phrase, le partenaire ponctue chaque mot d'un geste.

ex. : le chien court
le petit chien court
le petit chien court vite
le petit chien court très vite
le petit chien court très vite sur la route
le petit chien noir court très vite sur la route dangereusse
... dans le chemin.
etc

JE ME GONFLE

On propose une phrase minimale, le partenaire ajoute 1, 2, 3... mots.

en enfant joue
la fleur pousse
le soleil brille
le bébé dort
etc.

LES IMPORTANTS

Il s'agit de prendre conscience de la valeur des mots.

A tour de rôle on émet une phrase, l'autre reprend les mots qu'il juge les plus importants la consigne étant que le message soit clair mais qu'on utilise le minimum de mots.

Phrases à proposer :

la table du salon est en bois

nous viendrons peut-être lundi prochain
à l'intérieur de la maison de campagne on voyait les enfants et les
parents attablés autour d'un repas qui avaitr l'air copieux.

Au bout du couloir, à travers une fenêtre voilée d'un rideau, s'éten-
dait une vaste pelouse.

LE SOUBASSEMENT

Il s'agit d'élaborer des phrases à partir de mots.

On se donne à tour de rôle 2, 3 mots, l'autre en fera une phrase en
respectant le nombre de mots qu'on lui demande d'ajouter.

chien   chat
entrer   garage
voiture panne
être   gai
être   dans
tableau craie
tableau écrire
tableau peintre
maison   chemin
voleur   gendarme
etc.

QUELLE AFFAIRE

Cette fois on tire au sort 3, 4, 5, 6 mots soit à partir d'un jeu de loto, soit
dans le dictionnaire, soit encore selon la fantaisie du partenaire?

La consigne est de former une phrase cohérente en utilisant tous les mots
donnés.

LA TEMPÊTE

Il s'agit de reconstituer le plus vite possible la phrase à partir des mots
donnés dans le désordre.

Tour à tour, oralement, on propose à l'autre une phrase disloquée qu'il
doit reconstruire le plus vite possible.

Ex. : chien court chat le après le
ramasse je pommes des
beau aujourd'hui fait il a

LES PERDUS

Il s'agit de compléter oralement les phrases lacunaires. L'objectif est de trouver le plus vite possible et le plus de versions différentes.

... viennent ... soir
... jour je ... le journal
tous ... matins ... achetons ... journaux ... de...
pour... le train
etc.

L'ENTRELACS

Il s'agit de créer des phrases mot à mot.

A tour de rôle on émet un mot sur lequel l'autre s'appuie pour constituer un texte.

On essayera d'enchaîner le plus vite possible et d'arriver à une histoire cohérente (éventuellement on recourra à l'enregistreur pour écouter l'histoire).

En un premier temps chacun n'a le droit de dire qu'1 mot, ensuite 2, 3 mots pour proposer ensuite que chacun parle autant qu'il le souhaite en utilisant la formule « au suivant » quand il désire passer la parole au partenaire.

LE TAMIS

Il s'agit de phrases à analyser : chacun à son tour on émet une phrase, l'autre doit repérer : les singuliers et les pluriels.

ex. : les enfants jouent dans la cour
les cours de récréation se re semblent toutes
nous n'avons pas mis notre manteau...

Le présent — passé — futur.

ex. : il fait bon
il fera bon
comme il a fait chaud...

Les négations, interrogations, exclamations, ordre, défense, affirmation.

ex. : il n'a pas reçu de chocolat
quelle belle robe !
tiens-toi droit
il arrive !
arrive-t-il ?
il arrive ?

On veillera à traduire ces nuances par le ton de la voix.

L'HABIT NE FAIT PAS LE MOINE

Il s'agit de percevoir la différence entre des énoncés à structures phonétiques plus ou moins similaires.

Tour à tour on donne deux énoncés, c'est à l'autre à trouver les différents sens :

ex. : c'est tout vert
c'est   tout vert
coup   pur
coupure
c'est l'avent
c'est l'avant   il amarre
                                       il en a marre

il s'en donne
ils s'en donnent

                                       il en voit
tu l'es   il envoie
tue les

des faits   il m'en dit
défait   il mendie

108

geler   c'est assez
je l'ai   c'est tassé

                 Jean vient
                 j'en viens

A chacun à compléter les structures.

L'ENTONNOIR

Il s'agit de discriminer l'ordre de succession :
— des mots dans la phrase ;
— des syllabes dans le mot ;
— des phomènes dans la syllabe.
A tour de rôle on dit une phrase, le partenaire fait les analyses proposées
(mots, syllabes…).

DE L'ORAL A L'ÉCRIT

Jeux d'élaboration — d'analyse
de lecture — d'écriture

MATÉRIEL NON SIGNIFICATIF

LALLATION ÉCRITE

Devant l'enregistreur chacun à son tour on invente des structures syllabiques en variant l'intonation, le rythme, la longueur.

Ex. : tipo
le suivant dit : tarpi
le premier todiroda, etc...

Après 2 ou 3 ' d'enregistrement on réécoute séquence par séquence. On écrit ce qu'on entend. On compare. Si les deux partenaires ont des versions différentes on réécoute jusqu'à ce que l'oreille perçoive la correction.

LE DÉMONTAGE

Jeu de décomposition syllabique.
Chacun à son tour on propose des syllabes à décomposer.

Ex. : Pa : l'autre dit P A
PRA   P R A

Éventuellement on part d'un jeu de dés (dés avec lettres), on émet oralement la syllabe, le partenaire la décompose et choisit les dés adéquats.

LA FUSION

Opération inverse de la précédente. On met 2 ou 3 dés ensemble. On émet 2 ou 3 phomènes à fusionner en syllabe :

Ex. : p   et i l'autre doit dire le plus vite possible PI
       m a t o : mato.

L'ÉLÉMENT COMMUN

Qu'y a-t-il de commun dans les structures suivantes. Le jeu se fait oralement, éventuellement on montre les structures écrites et on doit repérer le plus vite possible les éléments communs.

pala rapa chapa
chama mara kama
bacha chala chaga
gnata tava mata
gana nara nafa
jaka maka kaza
faga dafa fala

saga rasa saba   paba mapa pata
bacha chala chaga   mana bama mafa
rata fara rama   data kata sata
kala vala lava   dana nata nala
bagna bala naba   zaka kaja eaka
rada dama chada   fava fapa safa
gama faga laga   zasa sacha tasa
vata vara kava   jacha chafa sacha
zaka zara paza   cara lara gnara
japa maja taja   lada mala lana
                         bapa maba vaba
                         daga daba nada
                         gara daga gnaga
                         fava vasa bava
                         vaza zaja faza
                         zaja java jara

REPÉRAGE

Où se trouve telle syllabe :
ex. pa : chapa para rapa chacun à son tour on dit 2, 1, etc...

L'ASSAISONNEMENT

Invente une structure syllabique avec telle ou telle syllabe.
Avec telle syllabe à telle place.

Ex. : avec PA : tapara
    avec PA en position finale : takarapa

LE REPIQUAGE

Parcours des yeux les lignes suivantes.
Pointe le plus vite possible telle ou telle syllabe, telle ou telle structure.

chapa rachapa arpacha
kamir karmika kamirka
mikar karmika kamirka
kala laka kalka laka klakla
sido sirdo dorsi firpo drapo pordra, etc.

QUE FAIRE

Invente un jeu avec des lettres.

MATÉRIEL SIGNIFICATIF

Au niveau du mot

ÉLABORATION ET ANALYSE

LES DÉS

Il s'agit de constituer des mots à partir de lettres.

1. On prend des dés ou des lettres mobiles (environ 10), un chronomètre, une feuille de papier.
On se met d'accord sur les règles.
On a le droit, par ex., de changer 3 lettres, ce qui amène peu à peu à

percevoir les lettres les plus représentatives de la langue française (ex. w; x y sont vite perçus comme peu utiles).

On établit un temps (1 ou 2 ' par ex.).

L'un chronomètre.

L'autre travaille pour former les mots.

Le 3e écrit les mots créés par le 2e.

Si l'on est deux seulement on s'arrange pour que celui qui écrit tienne en même temps le chronomètre.

La minute passée on cote par ex. : un mot de deux lettre = 1 point.

1 point

3 lettres : 4 points

5 lettres : 8 points

6 lettres : 10 points, etc.

Un mot comme car (2 significations : 2 mots)

Lis : je tu, impératif = 3 mots, etc.

On établit une tournante. L'objectif étant par ex. d'arriver le plus vite possible à 100 points.

A chacun à établir ses règles...

UTILISE-MOI

2. Faire le plus de mots possible à partir des lettres données (sans recourir aux dés ou aux lettres mobiles, on donne une série de lettres choisie; chacun à son tour on les écrit sur une feuille). La consigne est d'utiliser ces lettres pour en faire le plus de mots possibles. La même lettre peut être utilisée à plusieurs reprises.

Ex. : r ch i e p o t b l u a v
      riche avale pot poterie etc.

On inventera un système de cotation.

LES MORCEAUX

Il s'agit de constituer des mots à partir de syllabes.

Chacun propose des syllabes. La consigne est d'en faire des mots (le plus possible en un temps X).

Ex. : che mar ta il bre ble me cri ra ga li vre ge...
      marche table livre marbre

AU CHOIX

Mots à compléter à partir d'un choix de lettres données.

Consignes : les mots suivants sont incomplets. Complète-les en choisissant des lettres parmi celles qui sont données.

Ex. : s a v r i

t - ble - able
vit — e -- bre, etc.

TROUVE-MOI

Mots à compléter sans présentation de lettres.
Consignes : voici une série de mots incomplets. Achève-les le plus vite possible.

ti - oir bou- on cad-- -roi-- a--ie--e
-ougie -omme c-ve sou-e s-c su-re s-v--
- ardin d--ser abr-cot p-ll- s-lei- gr- ve

LES CROCHETS

Mots à compléter à partir de syllabes données ou non.

che di son pir ment gir te
po- sou- -rection mouve- -ger rou-

Complète les mots sans l'aide de syllabes données.

appar -- fau - - néma - cheter - teau
tr - peau man- addi- -la- voi- -ture
--men -jou- -mir -nane caro- a-ler

Trouve toi-même des mots à proposer à ton partenaire.

LES PROJETS

Projection libre : on part d'un mot choisi par l'un des partenaires.
Ex. : tableau.

On écrit ce mot.

En partant de là, l'autre propose une opération à effectuer pour obtenir un autre mot.

Par ex. : trouve un autre mot qui commence par ta... tablier à partir de tablier l'autre propose une nouvelle opération : par ex. un mot qui se termine par ier ou un mot qui désigne un vêtement ou un mot dans lequel il y a un i, etc.

Projection induite : ce jeu est le même que le précédent mais les consignes sont plus strictes il s'agit :
— d'ajouter
— de supprimer
— d'intervertir un élément

Ex. : tablier : tu supprimes le i ; tu ajoutes un s à la fin
                tu remplaces la première lettre

Mots à proposer :

Sou, soupe rouler voile mare sac cirage et bien d'autres.

L'ENCHAÎNEMENT

On part d'un mot à partir duquel on enchaîne un autre .

violon   longer   gérant   randonnée   néon   ondule

On peut essayer différents types d'enchaînements : par ex. commençant par la même syllabe, se terminant par la même syllabe, etc.

LA RENVERSE

On part d'un mot à partir duquel on opère un renversement moyennant une opération supplémentaire.

mare   -rame
ciel
radis
tour
troupe
rimer

mirer
sabre
brasse
voiler
volet
clouer
souper
coupe
poule
rompre
trompe
filet
lever

L'ACCORDÉON

On part d'un mot relativement long; on en retire le maximum d'autres qui y sont inclus :

Ex. : cheminée
      chemin
      mine
      mince
      miche
      mené
      niche
      nichée, etc.

LES TÊTES

Il s'agit de commencer un mot de plusieurs façons.

Ex. : ...voir peut donner a voir
                        de voir
                        dé   cevoir
                        pour voir
                        aure voir
                        abreu voir
                        pou voir
oir ier vre ivre dre
eux eu indre on euil al

On peut varier le jeu en induisant le mot pour l'autre.

Ex. : oir : je pense à un objet qui permet de se regarder...

LES QUEUES

Il s'agit d'achever des mots dont on ne donne que le début.
C'est à qui trouvera le plus de mots.

Ex. : li vre
      bre
      monade

Mots à proposer parmi d'autres :

sa --	per -	mon-	va-
pou --	é- pepe-	ma-	tra-
tra-	pi- ch-	vi-	

LE BON ENDROIT

Il s'agit de trouver un mot avec tel phomène à telle place :

Ex. : T au début; au milieu, à la fin(prononcéou non)
tonne bouton chat

Un mot où l'on entend deux fois le même phonème :

Ex. : 2 T tarte toute

Où l'on entend 2 phomènes différents donnés au préalable :

t d ; t r tarder douter tiroir mouton
d t ; ou on

Trouver tel ou tel mot avec telle ou telle syllabe à telle place :

Ex. : sa : début   savon
            milieu prononcé za : désastre
            fin : il poussa

tar : tartine retarder retard.

120

Syllabes à proposer :

pa   i   ro   bou   mer

RIEN A CACHER :

Trouve le plus vite possible des mots qui s'écrivent comme on les prononce.

Ex. : table sable prune bordure sortir sucre punir

LES PARTIES COMMUNES

Trouve ce qu'il y a de commun entre tel et tel mot oralement et par écrit.

bois roi
mon mai
mal mule
noter voler
prune dune
four pour
maman charmant
charrue charrette
chic pic

pomme pelure
fauteuil faute
bouteille groseille
bouchon boulon
boucher moucher
belle pelle
sel sol
cadre carré
marcher chercher

LES TRIOS

Qu'y a-t-il de commun.

repas papier pave
miroir gamine minou
main châtain teinture
nuageux nénuphar numéro
collier copain choco
fantôme éléphant enfantin
souris dessous souper
chapeau charrette pacha
lumière allume pilule
bonbonne charbon bonjour
cadeau radeau dauphin

guerrier gaîté muguet
voiture convoi voyage
zéro raser baser

lampe appel pomme
rhume moto ami
vite couteau table
anneau nain lune
colle bic sec
ligne montagne compagne
fort girafe café
lacer trace ceci
sable balle langue
dame vendu drame
avion envie voûte
zéro gaz bazar

QU'AVONS-NOUS DE COMMUN

Il faut trouver 2 ou 3 mots qui ont quelque chose de commun.
On justifie son choix.

Ex. : soir   tiroir   miroir
      prune   cerise   abricot
      paquet   banquet   parquet

FABRIQUÉ EN SÉRIES

On demande à l'autre de trouver 2, 3... mots qui ont quelque chose de commun.

Ex. : trouve 3 mots qui commencent par PI; qui n'ont qu'une syllabe; qui ont un p et un t etc.

LES GROUPES

Comment classer ces mots?
On donne une liste de mots; à chacun de trouver des modes de classement et à organiser des groupes.

122

Ex. :

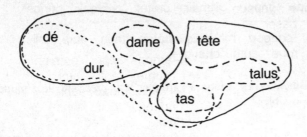

pomme   prune
     poire
partir   poule   coq
    canard   pigeon
       table
            chaise
        tiroir

Classements possibles : mots qui commencent par P
                         animaux
                         fruit

talon
   tenir   dur
          doute   domino
trame
   date   dortoir
      tondu   dentelé
     tendre

                        1 classement : T
                                     D
                                   D T
                                   T D

L'ORGANISATION

Comment peux-tu répartir ces mots. Fais le plus de classements possibles.

pomme   poire   pêche   prune   petit   partir

peler rond carré grand facile difficile
grave groupe grippe grandir prêter prévenir prince

bon ballon poupée mauvais bâton train ours joli
peu pneu roue auto chariot

Trouve toi-même des mots à grouper en précisant les. modes de groupements possibles.

Ex. : fruits
 fruits à noyau
 fruits ronds
 fruits qui commencent par telle phonème et qui sont à la fois
 ronds et juteux
 etc.

LA PETITE DIFFÉRENCE

Quelle différence y a-t-il entre ces deux mots ?
A tour de rôle l'un invente une paire pour l'autre.

Ex. : poule -boule

parle perle   marcher cracher
paire plaire   bouger moucher
touche mouche   toucher tacher
tire titre   solide bolide
tarte tarde
cochon cocon
cache crache
bouge bougie
mon non
âge nage
âge page
sage sache
casser caser

A partir des mots suivants trouve le plus possible de mots très proches au point de vue phonétique.

âge pie boule rue cage as suie conte
cour bille or tuer cou peindre mon mal

LE RADAR

Il s'agit d'un jeu de repérage à partir d'images ou d'un matériel concret.

On choisit une série d'images représentant des objets, fruits, etc. ou une planche représentant une scène.

A partir de là chacun à son tour demande à l'autre de trouver : un mot qui commence par tel son ; un mot de 2, 3 syllabes, un mot qui contient tel son, telle syllabe, etc.

Au niveau de la phrase

LES COPAINS

On choisit une lettre ou on la tire au sort.

L'objectif est de fabriquer une phrase où il y a le plus possible de mots qui commencent ou qui contiennent ce phonème.

On délibérera sur le mode de cotation : celui qui gagne est celui qui a le plus de mots commençant ou contenant la lettre clé (en valeur absolue ou proportionnelle).

On peut compliquer la règle du jeu en demandant l'alternance de mots commençant ou contenant deux phonèmes (p b par ex.).

On n'oubliera pas de proposer des sons comme an ou ail etc.

LES RECRUES

Qui trouvera le plus vite possible combien il y a de... dans telle phrase.

Phrases à proposer :

On demande par ex. de trouver combien il y a de V ou quel est le phonème le plus représenté.

un vent violent fait voler les volets verts de la ferme voisine
la soupe sans sel est versée dans la soupière
va vite laver les verres
des cailloux gris recouvrent le garage
le pâtissier prépare des tartes, des tartelettes et des gâteaux avec différentes sortes de recettes
les pommes pelées feront une compote qui accompagnera le poulet
la purée de pommes de terre n'est pas nien préparée
quelle jolie jupe jaune et quel beau chemisier !

LA RONDE

Un partenaire commence une phrase, l'autre enchaîne en partant du dernier mot.

Ex. : j'aime le chocolat
le chocolat fond au soleil
le soleil brille dans le ciel
le ciel...

LES INVITÉS

Voici une liste de mots. Regarde-les attentivement ; apprends-les par cœur. Écoute l'histoire.

Chaque fois que tu entends un mot qui figure dans la liste tu dis « présent ».

forêt clairière arbres chemin grand étang lapin
fée écureuil cabane

Il était une fois un grand bois, presqu'une forêt, pleine de grands arbres, de sapins, de chênes... d'animaux : des grands et des petits : des daims, des lapins, des écureuils, des oiseaux, des biches. Cette forêt était sombre, grande, immense. On disait qu'elle était habitée par une sorcière qui avait laissé échappé un anneau dans l'étang. Cet étang était une sorte de mare d'où partaient de grands chemins, des sentiers, des taillis. Cet étang était immense, mystérieux, féérique.

combien de fois as-tu entendu   grand
                              étang
quel mot de la liste n'est pas repris
quel mot revient plusieurs fois ?

PRÉSENTS

Invente à ton tour une histoire où tu fais intervenir les mots suivants :

petit   pays   autrefois   étrange   monstre
bête   sortilège   transformer.

126

LES OBLIGATOIRES

Choisis 10 mots et demande à ton partenaire de les introduire dans une histoire.

Invente toi-même ton histoire et compare-là avec celle de ton partenaire.

LECTURE

Au niveau de mot

BALAYAGE HORIZONTAL

Les index.

Ces jeux ont pour objectifs de favoriser les mouvements oculaires de gauche à droite.

Consignes : on se place devant son partenaire. On place les index à des distances différentes, horizontalement.

Le partenaire rejoint des yeux l'index situé à droite en partant de l'index situé à sa gauche.

On variera les distances : 50 cm, 30 cm, 20, 60 etc.

La baguette :

On fait le même mouvement mais les yeux suivent le trajet d'une baguette qui se déplace de gauche à droite.

BALAYAGE VERTICAL

Les index.

On place les index à des distances différentes l'un au-dessus de l'autre.

La baguette :

Même consigne que sur le plan horizontal.

Les yeux suivent les mouvements de haut en bas imprimés par le déplacement d'une baguette.

BALAYAGE HORIZONTAL ET VERTICAL

Dans l'espace

On prend une baguette et on demande au partenaire de suivre des yeux les mouvements et déplacements variés effectués de haut en bas de gauche à droite, de bas en haut, de droite à gauche.

Sur un plan horizontal de plus en plus restreint.

On refait les mêmes mouvements de balayage sur toute la surface d'une table.

— Rejoindre des yeux les extrémités de gauche à droite, de haut en bas, etc.

— Suivre les mouvements d'une baguette.

Sur une feuille de papier de grand format, puis de formats de plus en plus réduits.

Sur ces feuilles on délimite 2 points.

L'œil se déplace de l'un à l'autre.

Voir les schémas.

On prendra soin de varier les distances.

LES PAPILLONS

Il s'agit de suivre des yeux les papillons dessinés
— Sur un tableau (plan vertical).
— Sur une feuille (plan horizontal).

L'objectif est d'engendrer un balayage rapide dans tous les sens.

voir schémas :

— imprimer soi-même le balayage en demandant au partenaire de suivre des yeux les papillons désignés

— choisir soi-même son parcours en comptant le nombre de papillons...

ZIG-ZAG

Il s'agit de passer rapidement et avec précision d'une ligne à l'autre.

On prend une feuille, on y inscrit des croix aux extrémités. L'œil passe d'une croix à l'autre très souplement et très rapidement (chronométrer).

X   X
X   X
X   X
X   X

POINTAGES DES EXTRÊMES

On prend un livre. L'objectif est de lire le premier et le dernier mot de chaque ligne le plus rapidement possible.

Commencer éventuellement par « Lecture et Dyslexie » (28).

POINTAGES EN TROIS TEMPS

On propose le même exercice que le précédent en ajoutant un mot au milieu de la ligne.

Éventuellement on ponctue le pointage en imprimant un certain rythme (battement des mains, comptage 1 2 3).

EXPLORATION DIRIGÉE

L'objectif est d'habituer le lecteur à travailler en fonction d'un projet.

L'APPEL DES CHIFFRES

Consigne : reconstitue le plus vite possible (chronométrer) la suite des chiffres :

de 0 à 5

1 0 2 3 4 2 5

0 à 10
0 10 7 9 8 6 2 1 3 4 5
0 à 20
0 5 8 1 7 13 2 9 11 15 3 6 10 12 14
16 18 19 20 4 17

0 à 25
1 6 7 11   2 8   3 9   4 12 5 10 21
13 20 14   19 23 15 22   16 24
17   18 25

0 à 5
1
2
4
3
0
5

0 à 10
0
10
1
3
5
7
2
8
4
6
9

0 à 15
2
7
1
13
0
4
3
12

5

9
6

10

8
14

11
15

0 à 20
0
2
1
4
6
16
3
9
11
13
15
7
20
12
5
18
8
10
14
19
20
17

0 à 5
1
  5   3
0
   2
4

0 à 10
4
      7
10   3
      1
6   0
   5   9
2   8

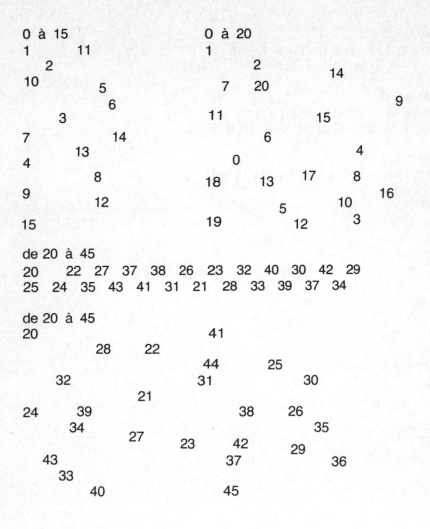

```
0 à 15                          0 à 20
1        11                     1
    2                                   2                14
10                                  7     20
        5                                                        9
        6                          11              15
    3                                       6
7            14                                               4
        13                              0
4                                                        8
        8                      18      13      17              16
9                                                    10
        12                              5                3
15                        19                  12
```

de 20 à 45

```
20     22  27  37  38  26  23  32  40  30  42  29
25     24  35  43  41  31  21  28  33  39  37  34
```

de 20 à 45

```
20                              41
        28      22
                            44          25
    32                      31              30
                21
24      39                      38      26
    34                                      35
            27      23      42      29
43                      37              36
    33
        40                  45
```

L'APPEL DES LETTRES

Reconstitue le plus vite possible les lettres de l'alphabet (chronométrer).

de a à j
a   d   f   j   b   h   i   g   c   e
A   D   F   J   B   H   I   G   C   E

de A à J
a B D E f C d H A c F b G g e H i l

de L à Z
m o q t v l s p n r u x z w y
L N S Z M Y P R T X O U Q W V

de a à o
a k d i f o h l c m b j e g n
A H M B I C J D K E O L F G

de A à Z
a g l r h s c o b y i u z k w d v f j m t
n x e q

de D à P

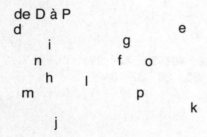

de A à Z

c   d
            a
       b   g   t   h
        s
               f   e
          r   p
       k   i   l   u
          q   o z
   n   j   x   y
                                   v
            w
      m

A Z E R T Y U I O P Q S D F G H J K L M
W X C V B

LES CORRESPONDANCES

Fais correspondre les majuscules avec les minuscules.

A N z B e V rC tXyWuQ i S oD pF G
H J K L M A Z E R T Y U I O P
w x c v b n q s d f g h j k l m

MAJUSCULES ET MINUSCULES

Départage le plus vite possible les majuscules des minuscules, ensuite retrouve les paires majuscule-minuscule, enfin parcours l'ensemble par ordre alphabétique.

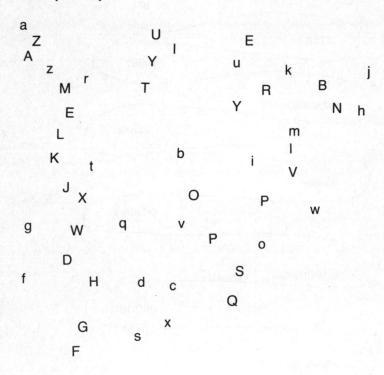

LE SLALOM

Lis le plus vite possible (chronométrer) le parcours fléché.

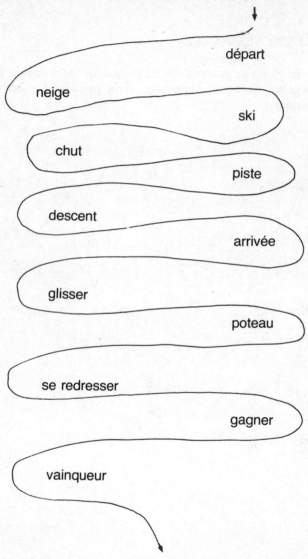

départ

neige

ski

chut

piste

descent

arrivée

glisser

poteau

se redresser

gagner

vainqueur

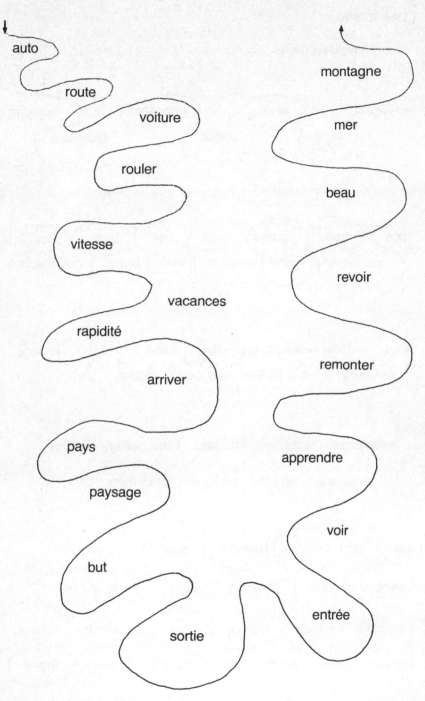

route

voiture

rouler

vitesse

vacances

rapidité

arriver

pays

paysage

but

sortie

montagne

mer

beau

revoir

remonter

apprendre

voir

entrée

135

LES VAGUES

Suis le parcours fléché.

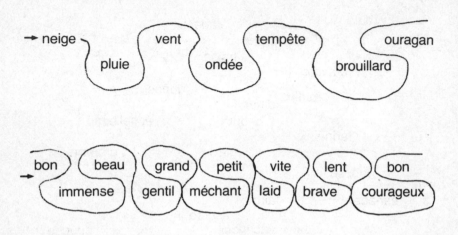

neige — pluie — vent — ondée — tempête — brouillard — ouragan

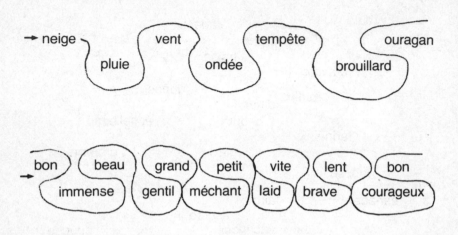

bon — immense — beau — grand — gentil — petit — méchant — vite — laid — lent — brave — bon — courageux

avant — après → au-dessus — dans — chez — à côté — en face
tout près — loin → très — beaucoup — assez — peu

longtemps — après — bientôt — tard — sérieusement — grave
amusant — en rond — en ligne — rapidement — plus

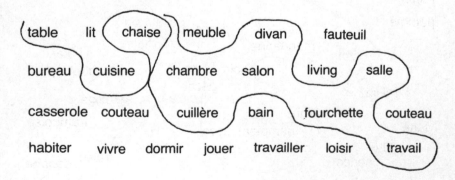

table   lit   chaise   meuble   divan   fauteuil
bureau   cuisine   chambre   salon   living   salle
casserole   couteau   cuillère   bain   fourchette   couteau
habiter   vivre   dormir   jouer   travailler   loisir   travail

LA PISTE

Lis par ordre alphabétique en fléchant.

baton

cadeau

arbre

fraise

cravate

donne

dîner

dur   échelle

farine

gare   gramme

ami

banane   faim

sucre

douche

cadeau

grandir   éléphant

képi   lac

joue   île   habit

opéra   non   mur

quille   papa

rat

RENTRÉE AU BERCAIL

Les mots se sont échappés du dictionnaire. Il faut les rattraper dans l'ordre.

pomme

prune

mandarine   kaki

poire   mirabelle

pêche

raisin   orange

citron

framboise

datte

pamplemousse

figue   cerise   melon

abricot   fraise banane

retrouve le plus vite possible : les fruits exotiques
                                  les fruits à noyau
                                  les fruits les plus juteux
                                  ceux que tu préfères

L'ÉTALAGE

Sépare les fruits des légumes.
Range les fruits et les légumes par ordre alphabétique.
Pique les légumes verts.
Les fruits rouges.

céleri
            tomate
       carotte   orange
                    épinards   figue

     cerise   avocat
              melon   banane
          datte
       chou   chou-rouge   cresson
     fenouil   chou-fleur
            poireau   muguet
betterave   reinette
              pomme
     chou-blanc   pomme de terre
              navet
       pois   mandarine
                 oignon
          tulipe
                   rose

L'ÉCOLE BUISSONNIÈRE

Repère le plus vite possible (chronométrer) ce qui manque dans la série.

chiffres 1 — 8
1 4 6 3 8 5 7   1 4 7 8 5

```
1 — 15
1   8  12  3  13  5   6   7  9  11  14  15
2   1   6  11   7      14      12       15


1 — 20
1   2   3  11  6  12  7  3  8  14  9  10
15 20 16      18     19  5
```

Lettres A — L
```
a  c  l  e  j  g  i  k  f  h
```

```
        A — Z
       a     i      d

                x

                    o

                        w      h
          e                 n

        l
          s
       y      z      u
```

LES SURFLUS

Repère le plus vite possible (chronométrer) les chiffres et les lettres qui reviennent plusieurs fois.

```
24  2   3   5  26  20  24   2  26   9   8  17  10  10  17  1
1   2   6  90  56   2  45  54  67  67  90  34  56  65  23
12 56  89  98  45  65  45  32  34  56  87  89  98  45
a  b  c  e  j  b  l  e  k  m  l  a  e  c  a  b  s  t  u  s  v
e  a
ab  ec  rt  tu  ba  ab  re  tu  y  io  oi  ru  ba  rt  tr  ab
abn  bna  vb  re  ert  ert  tui  iut  io  oi  ert  abn  bna  vb
```

LES FRAUDEURS

Des chiffres se sont glissés parmi les lettres.

```
1  A  2  3  B  C  3  M  N  1  V  I  2  3  5  CH  L  1  E
5  8  Z
```

Des lettres se sont glissées parmi les chiffres.

a 1 2 c b 3 6 l m 4 ch v 5 8 c v a b 9
o 2 a

Des voyelles se sont glissées parmi les consonnes.

a b i c d a f u o v ch k l o m e t e i a
t e
a b r t u i v e o oi ze r t u s e a d u i
o r t

Repère les groupes formés par 2 voyelles.

az ui oi io re tu li oi an na eo ei ie tu ut ae

Repère les groupes qui commencent par une voyelle.

ta at re ze ut fe fa af de se io ol lo tu fe uf
ga
ce ed hr oi ab ca ac re tu ut lo il ge ru ti it ir
az ce be on ol an eu fe oi si is de un on ni in
no

LES PLAQUES MINÉRALOGIQUES

Qui va retrouver les plaques en double.

MN 238 V   NM V 238   CL 432   CH 342
XY 128 OP
MN 238 V   NM V 238   2NM V 2   2MN 2V
AB34 TU   MN 238 V
XC 345 BN   NM V 238   CHL 432   LCH 342
LO VN TU   MN 238 V

abn 56 OP   anb 56 OP   TR 456 ON   ter 56 OP
abn 56 OP
TR 456 ON   ter 65 OP   anb 56 OP   tuTY
67nter 56 OP   tu TY 67 m
234 LI B   67 0189   243 LI B   234 LI B
67 0 189   abn 56 OP

LES HOMOLOGUES

3	2	5	1	4
4	1	2	3	5
5	2	4	1	3

1	3	5	2	4
2	3	5	1	4
4	2	4	5	1

9	2	6	7	1
3	5	8	4	10
4	7	1	2	9
3	5	10	8	6

3	5	8	6	9
9	7	2	4	1
8	6	1	9	2
4	2	7	3	5

11	22	4	2	22	34	45	12
22	1	3	14	22	43	34	12

17	22	18	14	7	23	7	9	11	15	12	34	45	56	78
23	13	6	16	11	2	21	19	5	10	21	43	54	56	76
25	19	3	8	5	13	17	6	8	24	12	43	34	65	65
10	4	2	24	9	25	3	20	1	12	34	45	56	78	54
21	2	12	20	15	18	14	22	16	4	12	34	54	87	56

EN SUIVANT

Retiens les séries suivantes.
Regarde dans les séries proposées ensuite celles qui reproduisent identiquement la série modèle.

séries modèles :
1) 1 4 5 6 3
2) a b t u c
3) 34 56 67 78
4) ou an in on
5) par rap tar tra
6) 125 345 657 345
7) 1 4 6 7 8 4 5 2
8) ab ba te se ra tra
9) par tra 34 tu par
10) 12 4 56 7 67 8 34

1) où est la bonne série ? : 1 5 4 6 3
1 4 5 6 3
1 5 4 6 3

2) a b t u c   3) 34 67 78 56
   a t b u c   43 67 78 56
   a u t b c   34 56 67 78

4) ou an in on   5) par rap tar tra
   ou na in on   par tar rap tra
   ou an in on   par tar tra rap

6) 125 345 657 345   7) 1 4 7 6 4 8 5 2
   125 354 657 345   1 4 6 7 8 4 5 2
   125 354 354 657   1 6 4 8 6 5 2 7

8) ab ba se te ra tra
   ab ba ra te se tra
   ab ba te se ra tra

9) par tra 34 tu par
   par tra 34 tu par
   par tra 43 tu par

10) 12 4 56 67 7 8 34
    12 4 56 34 67 7 34
    12 4 56 7 67 8 34

EXPLORATION

Parcours des yeux ces colonnes et dis ce que tu remarques.

```
c    d  d  e    t    t    a
b    a  e  a    a    t    e
d    c  b  d    t    a    u
e    b  c  c    e    e    t
a    e  a  b    u    u    a

e c    b d    g b    h a
j a    f g    i d    i d
b h    a i    a j    f j
d g    h e    c e    e b
f i    j c    h f    g c

g k a      c b j    i b h    f l d
m b n      k h n    l d f    a j n
e o j      o a d    a j c    m e b
c d l      l f n    m n g    o c i
f i h      i e g    e k o    g h k
```

142

LES JUMEAUX

Retrouve le plus vite possible la même série que celle qui commence la ligne.

```
XOXO  OXOX  OXXO  XOXO  OOXO  XOOX  XOXO  OXOX  XOOX
OXXO  OXOX  XOXO  OXXO  OXOX  XOXO  OOXO  OXXO  XOXO
OXOO  XOOX  XOXO  OXOO  XOXO  XOXX  OXOO  XOOX  XXOO
XXOO  XOOX  XOXO  XOXO  XXOO  OOXX  XXOO  XOOX  XXOO
OXOX  XOOX  XOXO  OXOX  XOOX  XOXO  XXOO  OXXO  XOOX
XOOX  XOOX  XOXO  OXXO  XXOO  XOXO  XOOX  OXXO  XXOO
```

```
372  425  648  678  373  372  456  657  675  372  456  273
435  435  567  423  434  435  435  234  543  423  435  354
918  901  918  891  902  918  189  981  918  981  989  189
704  407  670  756  346  704  407  470  704  470  704  704
```

```
sapol  takop  sapol  salop  posal  posal  sapol  polsa  plosa
brilo  lobro  brilo  lbro   lirbo  brilo  lobril birlo  brilo
labala balla  balbala labala balbala blabla labalba blabla
viruro viruto vitruro viruro rituvo viruro viruro roviru
letru  trule  trerlu letru  tertru turtru trule  letru  terlu
```

```
char  rat  plat  chat  mat  rat
flou  loup  pou  poule  flou  chou
mare  rame  arme  larme  mare  brame
drame rame  rame  mare  rame  rame  arme
```

LES AMIS ET CONNAISSANCES

Que faire avec ces mots? Essaie d'établir des liens entre eux.

table

voir   tableau

fusil

tablier   robe

vitre

meuble   lire   cendre

lunettes

lit   livre

limonade

cigarette   chaise

fumer

cendrier

fenêtre

QUE FAIRE?

Établis des liens entre ces mots

chat	train	mouton	raisin
poire	souris	métro	citron
vélo	chien	taxi	pomme
bateau	banane	poule	voilier
orange	cochon	fraise	bus
tram	avion	vache	cerise
cahier	judo	jean	livre
nicole	bic	vincent	boxe
natation	bernard	gomme	ski
marie	crayon	tennis	stylo
cyclisme	brigitte	buvard	football
pierre	encre	martine	course à pied
judo	métro	baleine	singe
tigre	boxe	bateau	tennis
tram	avion	lion	football
taxi	loup	natation	chèvre
course	renard	voilier	corbeau
auto	ski	ours	bus
cyclisme	éléphant	train	coq

anne gomme poule cahier
chien pierre livre cochon
crayon chèvre stylo jean
bernard vache bic lapin
buvard nicole cheval encre
vincent âne mathe dindon

chou violon trou chapeau
bateau pou eau caillou
cochon château ballon canon
seau bijou rateau clou
hibou pont genou vaisseau
biberon manteau citron bouchon

tigre natation banane renard
cyclisme ours boxe équitation
baleine pomme chèvre citron
poire coq orange lion
tennis cerise football fraise
raisin judo éléphant ski

EXPLORATION A THÈMES

Trouve les mots qui désignent une couleur.

bleu bon blanc bavard brave beige brunir brun
beau marron blond balance blanche bise bis brise
béton melon jaune or paille bleu ciel ocre ogre

Trouve les mots qui désignent un aliment.

fleur farine froment faire fromage forme frémir
frigo flan frite fortune fécule framboise

pain pont viande venir vidange bouteille huile
macaroni poisson poison boîte boisson lait laid
chocolat poivre sel timbre casserole cuire salade

Trouve les mots qui désignent une action faite avec la voix

parler se moucher crier partir répéter chanter bouger
dire courir hurler couler commencer mentir murmurer
taper chuchoter bondir voler écouter répondre chantonner

LES COMPÈRES ET COMPAGNONS

Trouve deux mots qui indiquent qu'on n'est pas triste.

grand   sérieux   joyeux   gentil   comique   gai   fort

Trouve deux mots qui expriment le fait qu'on a envie d'aller dormir.

vide   fatigué   triste   gros   épuisé   lourd

Trouve deux mots qui qualifient quelque chose qui n'est pas grand.

long   jeun   petit   beau   méchant   minuscule   majuscule

Trouve deux noms de fleurs.

escalier   crayon   rose   radio   livre   sac   crapaud   pompe
chaise   muguet   boîte   rat

Trouve deux mots qui veulent dire un endroit où on peut nager.

cimetière   piscine   jardin   soleil   champ   parc   chemin
balcon   théâtre   bassin de natation

Trouve deux noms d'objet qu'on utilise pour écrire.

ciseaux   bobine   moustache   journal   fleur   bic   souris
horloge   lit   bain   fenêtre   bougie   stylo   savon
chanson   monument

Trouve trois noms de marque d'autos.

garage   ville   tracteur   opel   savon   chariot   tableau
hélicoptère   banc   mercédes   brouette   ceinture   boussole
policier   tunnel   fiat.

Trouve deux mots qui veulent dire qu'on ne doit pas aller à l'école.

tapis   bouteille   livre   vache   neige   jardin   table   moto
crocodile   chambre   chat   sel   médicament   vacances
chocolat   télévision   cage   port   lundi   sapin   vacances
congé   couteau   fleur   dimanche

146

Trouve trois noms d'outils.

lessive cendrier tableau marteau glace camion
jouet cloche peintre livre saucisse feu lime
carrousel bouteille canon brique raquette chemin manteau
scie montagne parking facteur.

LES CONTRAIRES

Trouve les contraires du mot clé.

grand : jeune immense géant petit vieux beau laid
beau : grand magnifique intéressant laid affreux spendide
jeune : bébé âgé vieillard vieux fort gros alerte
petit : minuscule malin rusé agréable grand énorme
épais : large mince gros gras encombrant rapide étroit
large : épais étroit mince long comique petit frêle

LES FOUS

Recherche le plus vite possible les mots qui ne veulent rien dire.

arda aride rideau dirar dirai diras radira radis
diras sirda doré rôdé drogué drodé ordre ordonné
dordonné droné trîn train traîner tairné taire

armure mûrir rumir rimur murmur murmure rumur
ramure marure rodure dorure roduir endormir mirdor
ordure duridor durcir cirdur cidre dictur décide décidre

vipa ralo lavabo setera tupoli
sicanon valise laponi fetol tirue triture
letave simba botte villette violette voilette lovette ploke
pochette plokette plaquette palquette parquet paquet
quapet seriable lérucat clapu chapu chou carrue
charrue

gazon zagon wagon gonzer gazer scier skier schier
jupe june jaune jane jeune jet tej cache crache carche

fleur lueur lour lœur faleur flior floir fleuri
sicova chavico cheville vechille cachet calet crochet

LES ENNEMIS

Des ennemis se sont glissés dans la liste. Il faut les débouter le plus vite possible.

gant maison châlet écharpe bateau château cabane
maison hôtel châlet église frite appartement
porte cheminée mur plafond chaussure escalier marche
cuillère fourchette lettre assiette verre couteau rasoir
phare pneu chocolat portière essuie-glace rétroviseur
chemise volant moteur frein route carrosserie carrosse

salade épinards cresson sapin asperge carotte vase
haricots tomate oignon

crocodile potiron pièce lion tigre léopard singe
signe éléphant peinture panthère ours poulet

violon moteur trompette piano guitare flûte tambour
patin orgue clarinette

nez main bouche tirette pied doigt jambe
casserole oreille œil joue bras voiture cuisse
cheveux ventre genou langue lèvre épaule rob

blanc vert champignon rose mauve violet cygne gris
bleu orange jaune beige noir or bague pierre
turquoise diamant jaune paille

lait eau cécémel grenadine arc café bière rouge
vin thé sandale orangeade tisane boire boisson

pâtissier plombier maçon boucher infirmière gendarme
boulanger grenier peintre vétérinaire jardinier volcan
menuisier acteur logopède bûcheron garagist
orthophoniste journaliste dessinateur montagne gâteau
mécanicien gardien guitare médecin dentier pharmacien
fermer fermier mariner marin avion aviateur pompiste
pomper professeur enfant élève corbeau modèle
mannequin

lait fromage pain café lunettes chocolat jambon
œuf fenêtre viande salade mayonnaise biscuit bain

peur beurre confiture lit bonbon moutarde potager
potage tapage poisson livre sucre pâté frite frigo
gâter crème glace saucisson

LES PARENTS

Assemble les mots suivants en familles (un mot peut faire partie de plusieurs familles).

bouton fil armoire boulon soir matin outil fusil clé
serrure aiguille porte tiroir couloir bouchon bouteille

boutique comptoir magasin magazine journal raisin boulevard
boucher boulanger bouledogue bascule bazar barreau
cabine carreau tiroir

acheter vendre courir magasin payer sauter marcher
vendeur gagner perdre tomber grimper sautiller

robe jupe habiller coudre tissu bouton parler babiller
écouter essayer vêtement pantalon chanter répéter crier

rose bon épais dur violet bleu tranquille sage
petit grand éveillé gris noir sec mou orange jaune

avant près après juste en face à coté demain
hier dedans sur bientôt jamais au-dessus de chaque côté
avant-hier immédiatement en dessous

garder parler servir pourrir nourrir manger voir avaler
corriger sauver mourir courir ôter ranger sortir finir

avoir être j'ai je suis nous sommes j'avais il était
sois j'ai eu ils sont vous avez ils seront nous avons

je parle je joue j'écoutais je dormais il avale il boit
tu riais tu ris j'essaye il partait elle roule il regarde

LES HABITS

Trouve les mots qui sont habillés de la même façon.

cordon bâton échelle semelle corridor maçon façon
savon décor déjeuner ballon chicon saumon étincelle

fenêtre forme ramage criage fromage dommage froment
tirage énorme comme bonhomme homme forte dérapage

bonbon bouton avion lion ouvrir pourtour courir
cordon aviron ponton couvrir boulon poursuivre

crevette salopette étiquette savon salade sardine
épaulette salir saler croquette coquette sardine

LES TISSUS

Trouve des mots habillés avec :
Des M (plusieurs en un mot).
ex. : nommer marmite murmure.

avec des N honnêtes

avec N-M avec M-N

avec des H

avec 2 T
     2 P
avec P T ; T P avec D T T D avec des G
G prononcé J avec 2 L avec A I L etc.

LE FIL CONDUCTEUR

Cherche des mots qui ont un lien avec le mot clé.
Explique ton fil conducteur.

jardin
papier
pomme
jouer
école

Complète les séries en examinant bien les mots donnés.
(Il y a plusieurs possibilités pour chaque série).

pomme poire pêche : complète par des fruits
                                    des fruits avec P
                                    des mots avec P
                                    des mots de 2 syllabes
                                    etc.

ananas repas pas
courir bondir sortir
beaucoup trop peu
radis paradis
pauvreté charité
tomber bomber

LA CLÉ

Propose toi-même des séries de mots à constituer selon un principe

LES PAIRES

Regarde les colonnes de gauche (chiffres) et celles de droite (lettres) le plus vite possible retrouve les synonymes

1	magasin	a.	noyau
2	ferme	b.	royaume
3	cour	c.	jardin
4	magazine	d.	boutique
5	marchand	e.	animal
6	maison	f.	marchand

1	odeur	a	brun
2	vapeur	b	défunt
3	couleur	c	commun
4	saveur	d	embruns
5	bonheur	e	parfum

1	fête	a	avent
2	départ	b	congé
3	repos	c	voyage
4	vacances	d	retour
5	absence	e	travail

1 remarquer	a parler
2 gronder	b priser
3 sévir	c perdre
4 justifier	d comprendre
5 apprécier	e donner

1 triste	a absent
2 gai	b pitre
3 grand	c sévère
4 lourd	d joyeux
5 sot	e fade

1 économie	a économie
2 paiment	b menace
3 dépense	c frais
4 défense	d autorité
5 police	e ruine

L'IDENTITÉ

Relie chaque mot à sa définition

1 fauteuil	a arme à feu
2 chaise	b vessise gonflée d'air et recouverte de cuir
3 fusil	c grande chaise à dossier et à bras
4 couteau	d instrument tranchant
5 ballon	e siège sans bras avec dossier

1 banquet	a commerce qui consiste à avancer des fonds
2 banque	b petite barque
3 banquise	c grand repas festin
4 baquet	d banc rembourré et sans dossier
5 barquette	e petite barque
6 banquette	f amas de glaces côtières

1 confection	a action de refaire
2 réfection	b action de confectionner, de fabriquer

3	défection	c	action d'examiner
4	inspection	d	action de déceler
5	détection	e	action d'abandonner

1	refuser	a	donner un bon repas
2	régaler	b	rendre droit
3	redresser	c	ne pas accepter
4	refondre	d	former à nouveau
5	reformer	e	fondre à nouveau

1	foyer	a	maison, lieu où l'on fait du feu
2	centre	b	point situé à égale distance de tous les points d'une circonférence
3	roue	c	voie de terre pour aller d'un lieu à un autre
4	route	d	organe circulaire tournant sur son axe
5	rouet	e	machine servant à filer

LECTURE PROPREMENT DITE

LA RENCONTRE

Établis le plus vite possible la correspondance entre le mot et l'image.

On prend une série d'images représentant des objets, animaux, fleurs, etc.

On écrit sur de petits cartons les mots correspondants l'un montre l'image, l'autre recherche le plus vite possible le mot et vice versa

Chronomètre en main !

On fait ensuite la même chose avec 2, 3 images et mots

LES TOURNOIS MOBILES

On prend un nombre x de mots (à convenir ensemble) tapés à la machine sur de petits cartons

On place les mots en deux ou trois lignes

On prend un chronomètre

On cache chaque fois le mot à lire pour qu'il soit perçu

globalement d'un coup d'œil. On recommence la lecture
en essayant chaque fois d'améliorer ses propres scores.

TOURNOIS IMMOBILES

Lis le plus vite possiblble les mots suivants

Il s'agit de noms d'animaux : (mesure une ligne à la fois).

âne chien chat poule rat vache chèvre lion oie coq crocodile éléphant
tigre poussin perroquet dinde dindon serpent oiseau mésange chaton
chatte chienne

Refais le tout en chronométrant
Il s'agit de noms de fleurs et d'arbres

rose tulipe sapin muguet marguerite pin tilleul
lilas poirier cerisier dalhia pissenlit souci

Il s'agit de noms de fruits et légumes

tomate poireau salade céleri chou pomme poire
banane cerise épinards oignon cornichon
pêche orange mandarine figue datte cresson haricot

Il s'agit de noms de pays

hollande france belgique angleterre mexique brésil
hollande luxembourg russie hongrie pologne argentine
maroc algérie tunisie égypte espagne italie

Il s'agit de noms d'outils

marteau ciseau ciseaux hache pince tournevis
scie varlope tenailles bêche sécateur poulie

Il s'agit de noms de vêtements

tablier robe pantalon gilet chelise chelisier blouse
manteau blouson écharpe tricot cape chapeau béret
casquette salopette redingote habit culotte chemisier
pyjama peignoir brassière bavoir bas chaussette

154

Il s'agit de chiffres

un trois deux quatre cinq six vingt cent mille
trente trente-trois deux cents deux mille dix-sept dix-huit
six huit neuf vingt-deux trois mille quatre vingts nonante

Il s'agit de verbes

bouger parler manger rire dire approcher mentir obéir
rencontrer cuire chauffer taper brûler carboniser vendre
acheter soupirer gagner perdre toucher saler sucrer

Il s'agit d'adjectifs

petit grand beau laid souriant gros maigre mince épais
bon mauvais doux aigre salé agréable heureux méchant
poli impoli étrange drôle sérieux amusant comique frileux

Il s'agit de petits mots courants

sec dur va viens devant chez nez par dans vers vert
près de il je à côté derrière après avant juste très
bien net et dedans avec demain tantôt ce soir jour
nuit bravo excellent mal plus en plus de plus

LES PRONOSTICS

On prend une ou plusieurs lignes (voir les tournois)
On évalue à l'avance combien de temps on va mettre pour lire telle ou
telle ligne ; on reparie d'après les résultats.

Exemple : Je mettrai 10 sec. si effectivement on a mis ce temps je
parie que la 2e fois je gagnerai 3 sec. etc.
On parie chacun pour soi et pour l'autre.

TRIAGE

On reprend le matériel précédent (mots écrits sur cartons mobiles et mots
des tournois immobiles) l'objectif est d'établir des classements :
Quels mots trouves-tu faciles, difficiles, plus ou moins faciles, très
difficiles...

Le partenaire justifie sa réponse.

On recommence alors les tournois par catégories de diffiicultés

Autre forme de jeu : parcours d'un clin d'œil (le partenaire montre le mot en un flash) et donne ton appréciation quant à la facilité ou la difficulté de chaque mot

sec	bouche	danse
table	nez	tennis
bon	arme	ballon
chaise	armoire	raquette
arbre	vide	banquet
domino	plein	barquette
carte	tiroir	boule
jardin	soir	balle
sapin	soirée	bulle
faute	noir	bille
fauteuil	poire	famille
bonbon	devoir	rapide
corde	croire	train
vent	bouchon	métro
dent	bouton	dormir
lent	groseille	sécher
rang	bataille	rêver
sang	mouchoir	couper
blanc	moucheron	poucet
banc	balance	puce

LE RADAR

Toujours à partir du même matériel (mots sur cartons mobiles ou mots des listes précédentes). On dispose une quinzaine de cartons sur la table. Chacun à son tour demande à l'autre de retrouver le plus vite possible (chronométrer) tel ou tel mot

— soit : on dit le mot à rechercher (exercice d'écrémage)
— soit on induit le mot à l'aide de questions : par exemple
Recherche le mot le plus long, le plus court.
Qui signifie un animal, qui commence par P qui contient deux A
Qui se termine par une lettre qu'on ne prononce pas...
Un mot féminin etc...
On peut aussi recourir aux mots suivants :

vache   botte
      vide
            baleine
   ami
      tigre   sac
couleur
            boutique
                        conducteur
         barbe
   chocolat
            maman
   peluche   chien
                  animal
            sirop
'ouge
      livre
                        voiture
                  moustache
      jeune
            jaune
   bleu
   mer   montagne
médecin
         sortir
   vert
                  verre
   rouler
         viande
                  vers
            gâteau
      cordonnier   boulanger
            cochon
   dent   bonne
         soulier   pomme
   dans
         sang   sans
      cent

MEMORY

Relis les deux présentations de mots précédentes. Tu as 30 secondes.
Ensuite tu dis ou tu écris ce que tu as retenu ou l'un dit ce qu'il a retenu,
l'autre coche les mots ou les écrit.

CENTRATION

Tu vas lire ces mots en fixant ton regard sur le •

jour
•
journal
•
journalier
•
journellement
•

mode •   montre •

monde •   montrer

moduler •   démontrer •

modulation •   démonstration

                démonstrateur

module •   rédémontrer

                démonter •

mondain •   redémonter •

mondanité •   redémonstration •

mappemonde •

Fixe ton regard au milieu du mot.

jour	jus	mort
journée	juste	mortel
journal	justesse	mortaliser
journalier	justice	mortuaire
journalisme	justiciable	mortellement
journaliste	justifiable	immortel
journellement	justificateur	immortaliser
ajourner	justificatif	mortifère
ajournement	justification	mortifiant
		mortifier
		mortification

158

photo photographe photographie photographique photographie
photograveur photogravure photolithographie photométrie
photosphère

montre	laid	
monstre	laideur	
monstrueux	enlaidir	
monstruosité	enlaidissement	
	désenlaidir	

bon		bon
bonne	sec	bonbon
bonnement	sac	
	soc	vent
bonté		
	sèche	vendu
	sache	bouche
port	sacoche	bouchée
porter		boucher
portier		
porteur		boucherie
partir	couteau	
portuaire	fabrication	
	fabrique	berger
portière	médicament	bergère
porteuse		
	monument	bergerie
		bâtir
	gigantesque	
public		bâtiment
	ornement	
publiquement		bâtisseur
	ornementation	
publication		
	argument	
papillon		
	argumentation	
pollution		
végétation		
instruction		

LES ÉCLAIRS

Lis d'un seul coup d'œil (exposition très brève) les mots suivants

et	à travers	de plus en plus
de	surtour	ras le bol
la	j'ai	tant et plus
il	beaucoup	combien
on	à travers tout	tu dis?
vu	étant donné	quand
sur	à côté	après que
dans	à côté de	lorsque
car	par-dessus	certes
chez	envers	par contre
nez	à l'envers	vis à vis
peu	envers et contre tout	face à face
vite	c'est	dans huit jours
peu à peu	ici	il y a
été	loin	il y aura
chic	c'est ici	il y avait
cou	c'est-à-dire	je serai
coup	évident	quoi?
par	évidemment	merci
en	c'est évident	pardon
plus	c'est l'évidence	s'il vous plaît
moins	ailleur	plaît-il?
court	par ailleurs	bravo
long	en outre	chic alors
trop	certain	alors
bien	pourquoi	et alors
bon	comment	ensuite
beau	enfin	on verra
toi	jamais	je l'ai
moi	toujours	je l'ai eu
je	presque	on m'a eu
il	soit	vas-y
nous	étant donné	donc

combien	bonjour
que dis-tu	au revoir
comment?	à demain
comment!	jamais
comment allez-vous	hier

très bien
et vous
très bien merci
et vous-même
quel temps!
quel temps fait-il
quelle heure est-il?
ça va
ça va bien
très bien
bon assez
assez
vite
de plus en plus vite
petit
petit à petit
peu à peu
dans combien de temps
où allez-vous?
presque
pas tout à fait
sans doute
nullement
allo
sans aucun doute

quelle heure est-il?
non et non
oui
va
vas-y
viens
reviens
attention
quoi
quoique
contre
droit
droite
gauche
passage interdit
buffet
fermer la porte
lavabo
toilettes
passage à niveau
route
bar
cinéma
métro
route barrée

asseyez-vous
debout
par terre
ouvre
ferme
referme
fermez la porte
merci

LES GLOUTONS

Lis de plus en plus de mots en une seule prise de vue.
Le partenaire montre la séquence (exposition la plus brève possible)
L'autre dit ce qu'il a vu.

a à
et te

           su sur

a à ou au

           se su

au on ou

              cet tes

eau au eu

             ses c'est ces

eu au eau

       sec ces
toi te   sec ces tes
et toi tu

             cire crie crime
             craie croix

tu te
toi tu te   moi mes
toi tu te tes   moi mois
         moi mois moins

       mois moins mien
sur sous son
soi soin ceux   ton toi tes tu
ceux creux croix

           ta tu te toi
           tes mes ses les

      plu plus plan
      plan plein plain

toi quoi
toi voix quoi

toi tes moi mes

            eau eau beau au
je tu il
           et te est et

tu je il

           ces ses c'est s'est

il je tu
      vite vide

val vallon valoir
val valais vallée   bulle bille balle
          belle balle bille bulle

bal ballon balai
peu peur plus

                        bol mol sol
                        bol belle molle sel

            sel sol cil
sel selle sole sol

                    four tout cour
                    cour cours court

peu pou peu   halte arrêt
pou peu peur plus   arrêt stop

                pille pille pâle

pelure parle perle
pelle perle pèle

                    musique chant note
                    chanteur chanter musique

                        coule boule roule
        poule foule roule
                        coule boule foule roule

coule boule roule foule moule
mouton bouton voulons boulon   soupe coupe louche
                                            soupe assiette louche
                    tambour baguette bruit
                    tambour amour carrefour

        pied soulier lacet cirer
        pied brosse cirer cirage

                                        vent pluie parapluie
manger langer changer

                                    manger nourriture faim
manger danger changer ranger
                    battre débattre combattre
                    battre dispute victoire

    toi moi soi soit

fard parfum poudre
parfum sentir fleur   tousser rhume moucher

                                    tousser rhume grippe

                                fièvre malade thermomètre

        marcher courir s'arrêter
marcher marché marche

                    marche escalier rampe

faux beau seau saut   marche danse saut
saut sot ceux

                  lire livre
              lire livre écrire

  gai vrai
gai vrai amusant

                   papa maman enfant
         famille amie ravie
quand camp qu'en
sans cent sang sent

        pomme banane poire
      homme femme
fille bille grille brille

AU NIVEAU DE LA PHRASE ET DU TEXTE

REPÉRAGE

Repère les signes de ponctuation
Prends un texte — repère le plus vite possible.

- — les .
- — les ,
- — les ;
- — les -----
- — les :
- — les ?
- — les !
- — les "
- — les débuts de paragraphes

Repère sur la même page :

combien il y a de paragraphes
combien il y a de phrases qui se terminent par un .

Repérage des mots les plus longs

prends un texte ou une phrase pointe les mots les plus longs
essaye de comprendre l'information qu'ils apportent

Repérage des mots les plus courts

fais la même chose avec les mots les plus courts
combien de fois y a-t-il de il, je, et, est, a, etc

LES IMPORTANTS

Repérage des mots principaux : dans les phrases suivantes pointe les
mots qui apportent les renseignements principaux.

Les élèves sont rentrés en classe bien en rang, bien sages pour
écouter le professeur qui allait leur raconter un conte plein de
charme.

La petite fille du voisin joue à la balle dans la grande cour devant la
prairie où paissent des vaches paisibles.

Quel temps fait-il aujourd'hui?

Pendant les vacances nous irons à la mer

ce mur bas, qui clôt le jardin du côté de la cave, donne une ombre
dense et immobile.

que les pommes sentent bons dans le verger humide!

Les deux petits chiens s'amusent à tourner à toute allure autour
d'un arbre. Un moment plus tard ils se couchent dans l'herbe et
s'endorment.

Chaque matin un pauvre bûcheron allait dans la forêt pour y
abattre un arbre et il revenait le soir, portant sur son dos une lourde
charge de bois qu'il allait vendre aux villageois.

Pionnier de la plongée sous-marine en scaphandre autonome FD
est depuis plusieurs dizaines d'années l'un des plus
proches compagnons du commandant C. Un matin, il reçoit un appel
pressant lui demandant de se rendre à la Jamaïque pour
expertiser les restes de deux caravelles échouées jadis par Christophe Colomb dans un lagon.

FD est vite séduit par l'idée de palper un bateau à bord duquel
Christophe Colomb a traversé l'Atlantique. L'examen détaillé
de navires du XIe s., moins bien connus que ceux de l'Antiquité
gréco-latine, présente un vif intérêt particulièrement au point
de vue de l'architecture navale (F. Dumas les chimères de la mer
Press Pocket 1425, 1976)

Quelque vingt ans après sa sortie sur les écrans revoici Cendrillon l'un des merveilleux dessins animés de long métrage de Walt Disney. Cendrillon c'est l'adaptation magistrale du conte de Perrault, une féerie visuelle qui ravira les enfants petits et grands.

Choisis un texte et poursuis le même jeu : repère le plus vite possible les mots principaux.

LES INTRODUCTEURS

Dans le texte suivant et dans d'autres textes que tu choisiras relève le plus vite possible les mots qui introduisent des éléments de phrases.

Qui, quand parce que mais et etc.

Il y avait une fois un prince qui voulait épouser une princesse ; mais une princesse véritable. Il fait donc le tour du monde pour en trouver une, et, à la vérité, les princesses ne manquaient pas ; mais il ne pouvait jamais s'assurer si c'étaient de véritables princesses ; toujours quelque chose en elles paraissait suspect. En conséquence, il revint bien affligé de n'avoir pas trouvé ce qu'il désirait. Un soir qu'il faisait un temps horrible, les éclairs se croisaient, le tonnerre grondait, la pluie tombait à torrents ; c'était épouvantable ! Quelqu'un frappa à la porte du château, et le vieux roi s'empressa d'ouvrir.

(ANDERSEN La princesse sur un petit
pois — p. 61 Garnier Flammarion 230 1970) (43)

Elle se jeta par terre en pleurant à chaudes larmes. Ces larmes tombèrent justement à l'endroit où se trouvait un des rosiers que la vieille avait fait rentrer sous terre. Lorsque la terre eut été arrosée de ces larmes, l'arbuste en surgit tout à coup, aussi magnifiquement fleuri qu'au moment où il avait disparu

(La reine des neiges p. 139
Andersen contes G. F.) (43)

Dans la grande ville il y a tant de maisons tant de familles, tant de monde, que tous ne peuvent avoir un jardin ; la plupart doivent se contenter de quelques pots de fleurs. Deux enfants de pauvres gens avaient trouvé moyen d'avoir mieux qu'un pot de fleurs et presque un jardin. Leurs parents demeuraient dans une étroite ruelle ; ils habitaient deux mansardes en face l'une de l'autre. Les enfants avaient devant leur fenêtre chacun une grande caisse de bois remplie de terre où il poussait des herbes potagères pour le ménage, et aussi dans chaque caisse un rosier...

(Un petit garçon et une petite fille
Andersen p. 123 G. F. (43)

LES OUTILS

Repère le plus vite possible dans les textes précédents et dans d'autres textes les mots de liaison ou les mots qui accompagnent d'autres noms
Préposition, articles, adjectifs,   Exprime ce qu'ils apportent

La petite fille dormait paisiblement dans son grand lit blanc
Poucette se sentait le cœur léger et joyeux
un coup d'aile et déjà le champ de la souris n'était plus qu'un petit carré vert.
Il était couché dans le marécage entre les joncs lorsqu'un jour le soleil commença à reprendre son éclat et sa chaleur.

(Le vilain petit canard
Andersen p. 113 G. F.) (43)

LES RHÈSES

Repère le plus vite possible les groupes significatifs
Prends les textes précédents ou d'autres et vois comment on peut assembler les mots de façon à avoir un certain sens.

Essaye à partir des phrases suivantes
Essaye de plusieurs façons en essayant chaque fois d'allonger les rhèses.
C'est papa qui m'a emmené à l'école aujourd'hui après le déjeuner
moi, j'aime bien quand papa m'accompagne, parce qu'il me donne souvent des sous pour acheter des choses

(les récrés du petit Nicolas
Sempé/Goscinny folio Junior Denoël p. 17) (44)

Dans le flanc de la tranchée creusée au pied du grand tumulus, une forme familière attira mon regard. Je montai ce très gros canon à Jacques en plongée avec moi.
Profondément encastré dans le corail massif, enrobé de pierre du même blanc cassé, il était jusqu'alors passé inaperçu. Ce

canon faisait tellement corps avec le tumulus et une telle épaisseur de pierre l'enserrait que c'en était déconcertant.

Toutes les hypothèses paraissaient permises et l'on pouvait encore penser que le restant du bateau se trouvait dans le tumulus avec à l'arrière la chambre forte convoitée.

Les chimères de la mer F. Dumas
Press Pocket 1425 p. 51-52 1976

LES CORRESPONDANCES

Voici trois phrases. Elles ont été mélangées. Retrouve les le plus vite possible. (Chronométrer)

Titou aime caresser le poil soyeux de Poussy.
Poussy aime se faire caresser. Il se met alors à ronronner comme s'il avait un petit moteur dans la gorge.
soyeux met poil alors Titou de Poussy
il à caresser avait petit se le s'il
aime moteur aime se Poussy faire caresser ronronner
comme dans un la gorge

Dans le flanc de la tranchée creusée au pied du grand tumulus, une forme familière attira mon regard.

dans   flanc   le   tranchée
             de   le   creusée
     pied
            tumulus   grand
  au   familière   du   attira
     forme   une   mon
              regard.

Un coup d'aile et déjà le champ de la souris n'était plus qu'un petit carré vert.

un   coup
       d'   la   aile
   et   de   le   déjà
        champ
   n'   souris   était
     petit   plus
      un   qu'
carré
   vert

LA SOUPE

démêle le plus vite possible les phrases qui se sont mélangées

<pre>
          de   dire   Titou   la   grand-mère
chat   a contre un bonjour pour à ses le Titou se
chat frotte jambes chat le s'appelle de Titou Poussy
</pre>

La grand-mère de Titou a un chat. Pour dire bonjour à Titou le chat se frotte contre ses jambes. Le chat de Titou s'appelle Poussy

(Titou et le petit Chat
G.Wolde Dupuis)

LE BROUILLAGE

Reconstitue le plus vite possible les phrases pour en faire un texte cohérent.
(D'après Titou et le petit chat G. Wolde Dupuis).

<pre>
Titou Poussy prendre poussy ses d'accord
mais veut n'est pas dans bras

il veut se il miaule sort proteste
sa queue descendre gonfle il il ses griffes

Oh Poussy un griffé bras mal Titou
cela fait a peu le de

la se demande bientôt est Poussy
Titou douleur disparaît où passé

Poussy rampe caché le le fauteuil
Titou s'est sous sous fauteuil

Poussy est va se gros sous s'y bahut
Titou s'en trop réfugier pour le glisser

Titou appelle faire sur ne veut portes sortir
rien à frappe Poussy les pas

Titou grand-mère lui comment
</pre>

Titou grand-mère lui comment
va trouver qui montre faire

un pour la avec de papier
jouet chat un bout

grand-mère tourne la laine
Titou roule le papier autour

a présent saute veut le jouer de papier
il Poussy sur bien bout avec Titou

mais dîner Poussy faim
son voilà que est a prêt

Pour lape son jusqu'à Poussy soif sa
il boire lait plus sort langue

A s'allonge Poussy sent son
il présent sur se fatigué coussin

LA SUITE DANS LES IDÉES

Lis ces listes de mots. Compare chaque ligne avec les listes de la page suivante. Dis ce qui est de même, dis ce qui a changé.

pomme poire pêche abricot
printemps été hiver automne
robe cravate écharpe manteau
pain beurre fromage confiture
ananas banane mandarine mandarin
aimer jouer parler rire pleurer
chien chat cheval chèvre chou

pomme poire pêche abricot
poire pomme pêche abricot

printemps été hiver automne
printemps été automne hiver

robe manteau cravate écharpe
robe cravate écharpe manteau

pain   fromage   confiture   beurre
pain   beurre   fromage   confiture
pain   confiture   fromage   beurre

ananas   orange   banane   mandarine
ananas   banane   mandarine   mandarin
orange   ananas   banane   mandarine

aimer   rire   parler   pleurer   jouer
aimer   jouer   parler   rire   pleurer
aimer   rire   partir   jouer   pleurer

chien   chou   chèvre   cheval   chat
chien   chat   cheval   chèvre   chou
chien   ours   chat   cheval   chèvre

L'ÉBAUCHE

Trouve le plus vite possible le mot ébauché.

pour allumer le feu il faut une a...
je me lave avec du s
le chien de chasse suite le g
chaque jour le fermier trait ses v
les v   donnent du lait
avec le l   on fait du f
pour f   du pain il faut de la f
le pain cuit dans le f
je nage dans la r
j'habite en v
en automne les f tombent des arbres
je verse de l'eau dans le v.
le c   coupe fort; je me s   coupé
le p   a pêché un énorme p
les a   volent autour de la ruche
les a   volent dans le ciel
la r   est pleine d'abeilles qui vont b   les fleurs
le parterre est plein de f   j
je monte à l'é   pour cueillir des p   sur le pommier
on a d   les murs de la chambre
sans mes l   je vois mal
la pluie tombe depuis ce m

les rues sont toutes m
j'aime me p   à travers champs dans la c   surtout en é
quand le s   brille et qu'il fait d
les t   des maisons sont en tuiles
le t   marque zéro degré. Il va peut-être g
les ailes du m   tournent.
le soir tombe j'allume la l
la l   éclaire la table où je travaille
as-tu un m   pour clouer ces clous ?
cette bague est un b   de valeur.

UNE LETTRE PAR CI PAR LÀ

Il -eige le j-rdin est t - t bl - c. Il f--t très fr- d d- hors.
les - bres o-t per-du leurs f-lles. C'est ga- de fa-re des b- les de n-ge
que l'on lan-e cont-e ses am-s.
Au printemps l-s a-bres s-t c- verts de b-rgeons. Les fl-rs comm-cent
à é-lore dans les j-rdins. Les j-rs sont pl-s ch-ds et pl-s longs.
En h-ver les j-rnées sont c-rtes et il -ait très fr-d. Il y a souv-nt du
b-ouillard s-r les -outes. On a-me le ch-ffage.
J'ai-e m-ger d- bo-es t-rtines beurr-s et c-vertes de con-iture.
je c- pe le ti-u avec des c-seaux.
J'étu-ie mes le-ons.
j- s-s cont-t de te re-r.
il y a d- vergl-s les r-tes s-t gliss-tes et d-gereuses.

L'HYPOTHÈSE

Des mots ont été sortis de la phrase, retrouve-les le plus vite possible.

l' - roule sur la r oute.
comme - fait froid tous - étangs sont -. On va pouvoir -
l'auto roule - - chemin.
Comment vas- -? - y - longtemps - je - t'ai plus -
le - tire - chargement - - chemin - monte - la -
le déjeuner - prêt; vite à -
De - fenêtre - ma chambre j' - aboyer - -.
-aboient - le chat - voisin. Le - est - sur - toit - pigeonnier.
les - nagent - la mare.
Le pneu de - vélo - est - assez gonflé. Il - que je - gonfle.
quelle - est-il ? - est presque midi.

172

On - les - pour - du vin.
Les pommiers - en fleurs - printemps.
Quand est-ce - anniversaire ?
Pour mon a   j'ai reçu - beau -
le poisson n'- pas de plumes mais - - des écailles.
les - des maisons - en tuiles.
le - que je lis est intéressant.

UN MOT SUR TROIS

Aujourd'hui je - très content - la maîtresse - toute la - au musée, -
voir des -. C'est drôlement - quand on - tous ensemble, - ça. C'est -
que la - qui est - gentille ne - pas le - plus souvent.
Un car - nous emmener - l'école au -. Comme le - n'avait pas - garer
devant - nous avons - traverser la -. Alors la - nous a - : « mettez-
vous - rangs par - et donnez - la main ; - surtout faites - attention !
        Les récrés du petit Nicolas p. 97 (44)

Les bateaux - pêche viennent - rentrer. Yvon - des yeux - de son -,
un bateau - coque verte - à voiles -. -chacun sa provice - jeux de le
lecture N° 3.

Monsieur Rueff - père de - travaille à l' - qui fabrique - l'acier. -
quatre heures - la sirène -, la journée - Monsieur R est-. Une équipe
- ouvriers s'en -, une autre -. Les machines - à vrombir - moteurs à
-, les cheminées - fumer. L'usine - jour et -. (ibidem)

Jeannot et Margot.

A l'orée - un grand - habitait un - bûcheron avec - femme et - deux
enfants, - petit garçon - nommait Jeannot, - petite fille Margot. - avait
peu - chose à se - sous la - et une - qu'une - disette s' - abattue sur
- pays, il - put pas - se procurer - pain quotidien.

        Contes Grimm Gal. 1976 p. 71 folio (46).

L'oiseau d'or (ibidem, p. 158) (46).

Une fois - y a - longtemps il - un roi - avait un - jardin d'- derrière son
- et là - y avait - arbre qui - des pommes - or. Quand les - furent
mûres - les compta - dès le - il en - une. On - la chose - roi qui -
qu'on - chaque nuit - montrer la - sous l'-.

La petite sirène (Andersen contes Garnier fl. 230 P 29) (43).

Bien loin - la mer - eau est - comme les - des bluets - comme le -
plus - mais si - qu'il serait - d'y - l'ancre - qu'il - y entasser - quantité
infinie - tours d'- les unes - les autres - mesurer la - du fond - la
surface.
C'est la - demeure le - de la -. Mais n'y- pas croire - ce fond -
compose seulement - sable blanc ; non - y croît - plantes et - arbres -
et si - que le - mouvement de ' - eau les - s'agiter - ils étaient,-. Tous
les -, grands et -, vont et - entre les - comme - oiseaux sans - air. A
l'- le plus - se trouve - château du - de la - dont les - sont de - les
fenêtres - bel ambre - et le - de coquillages - s'ouvrent - se ferment -
recevoir l' - ou pour - rejeter.

TU COMPLÈTES

Le coffre volant (Andersen contes Garnier Flammarion 230 p. 87) (43).

Il était une -- marchand - riche - il aurait - paver toute - grande rue --
encore - petite de - d'argent ; mais - avait bien - de - faire ; il savait -
employer - richesse. Il - dépensait - sou qu'avec - certitude - gagner
- écu. C'était - marchand - habile, et tel - mourut. Son - hérita - tout
cet - ; il mena - vie, alla -- soirs au bal masqué, fit - cerfs-volants --
billets - banque et s'amusa - faire - ronds - l'eau en - jetant - pièces
d'-, comme un autre - cailloux. De cette manière, - ne faut pas -
étonner s'il vint - bout - de ses - et s' - finit par - avoir pour toute
fortune - quatre sous, - garde-robe qu' - paire - pantoufles - une
vieille -- chambre. Tous - amis, ne - plus se montrer - la rue - lui,
l'abandonnèrent à la fois ; un d'- néanmoins eut - bonté - lui envoyer
- vieux coffre - ces mots : « fais - paquet. »

Compare avec le texte : il était une fois un marchand si riche, qu'il
aurait pu paver toute une grande rue et encore une petite de pièces
d'argent ; mais il avait bien garde de le faire ; il savait mieux employer
sa richesse. Il ne dépensait un sous qu'avec la certitude de gagner
un écu. C'était un marchand bien habile, et tel il mourut. Son fils
hérita de tout cet argent ; il mena joyeuse vie, alla tous les soirs au
bal masqué, fit des cerfs-volants avec des billets de banque, et
s'amusa à faire des ronds dans l'eau en y jetant des pièces d'or,
comme un autre des cailloux. De cette manière, il ne faut pas
s'étonner s'il vint à bout de ses trésors, et s'il finit par n'avoir pour
toute fortune que quatre sous, pour garde-robe qu'une paire de

174

pantoufles et une vieille robe de chambre. Tous ses amis, ne pouvant plus se montrer dans la rue avec lui, l'abandonnèrent à la fois; un d'eux néanmoins eut la bonté de lui envoyer un vieux coffre avec ces mots : «fais ton paquet.»

Le vase rose du salon

J'étais -- maison, en - de jouer - - balle, quand bing! - cassé - vase -- salon. Maman -venue - courant et moi -- suis mis - pleurer.
Nicolas! m'dit -, tu - qu' - est - de - à - balle - la - !. Regarde -- tu - fais : tu - cassé -vase -- salon! - père - tenait - à ce -. Quand - viendra, - lui avoueras - que - as-, il - punira et - sera - bonne leçon - toi!. Maman - rammassé - morceaux de - qui étaient - le tapis - elle - allée dans - cuisine. Moi, j'- continué - pleurer, parce qu'- Papa, le vase - va faire - histoires.
Papa - arrivé de - bureau, il s'- assis - son -, il a - son journal et - s'est - à. Maman m'a - dans - cuisine - elle m'a dit : - eh - ? Tu as dit, à -, tu - fait?

J'étais à la maison, en train de jouer à la balle, quand, bing! j'ai cassé le vase rose du salon. Maman est venue en courant et moi je me suis mis à pleurer.
- Nicolas! m'a dit Maman, tu sais qu'il est défendu de jouer à la balle dans la maison! Regarde ce que tu as fait : tu as cassé le vase rose du salon! Ton père y tenait beaucoup, à ce vase. Quand il viendra, tu lui avoueras ce que tu as fait, il te punira et ce sera une bonne leçon pour toi!.
Maman a ramassé les morceaux de vase qui étaient sur le tapis et elle est allée dans la cuisine. Moi j'ai continué à pleurer, parce qu'avec Papa, le vase ça va faire des histoires. Papa est arrivé de son bureau, il s'est assis dans son fauteuil il a ouvert son journal et il s'est mis à lire. Maman m'a appelé dans la cuisine et elle m'a dit :
— Eh bien, Tu lui as dit, à Papa, ce que tu as fait? (44) p. 43.

AVANT ET APRÈS

Lis le texte suivant ensuite tu le reliras en lisant «entre les mots».

Moi, je veux pas lui dire! J'ai expliqué, et j'ai pleuré un bon coup.
- Ah! Nicolas, tu sais que je n'aime pas ça, m'a dit maman. Il faut avoir du courage dans la vie. Tu es un grand garçon, maintenant tu vas aller dans le salon et tout avouer à Papa!
Chaque fois qu'on me dit que je suis un grand garçon, j'ai des

ennuis, c'est vrai à la fin! Mais comme Maman n'avait pas l'air de rigoler, je suis allé dans le salon.
Papa..., j'ai dit.
- Hmm? a dit Papa, qui a continué à lire son journal.
- J'ai cassé le vase rose du salon, j'ai dit très vite à Papa, et j'avais une grosse boule dans la gorge.
- Hmm? a dit Papa, c'est très bien, mon chéri, va jouer.
Je suis retourné dans la cuisine, drôlement content et Maman m'a demandé : - Tu as parlé à Papa?
- oui maman, j'ai répondu.
- Et qu'est-ce qu'il t'a dit? m'a demandé Maman.
- Il m'a dit que c'était très bien, mon chéri, et que j'aille jouer, j'ai répondu.
Çà, çà ne lui a pas plu, à Maman. «Çà par exemple)» elle a dit, et puis elle est allée dans le salon.

Sempé-Goscinny
Les récrés du petit Nicolas Folio
Junio 47 p. 43-44 (44)

- Moi, - veux - lui -! J'ai -, et j' - pleuré - bon coup.
- Ah! Nicolas, - sais - je - 'aime pas -, m'a dit -. Il faut avoir - courage - la -. Tu - un - garçon, maintenant; Tu - aller dans - salon - tout - à Papa!
Chaque - qu'on - dit - je - un - garçon, maintenant, j'- des -, c'est - à - fin! Mais comme - n'avait - l'air - rigoler - suis - dans - salon.
- Papa... - ai -.
- Mmm? - dit -, qui - continué - lire - journal.
- J'ai - le - rose - salon, j'ai - très - à -, et - avais - grosse - dans - gorge.
- Hmm? a - Papa, c' - très -, mon -, - jouer.
Je - retourné - la - drôlement -, et - m'- demandé :
- Tu - parlé - Papa?
- Oui, -, j'ai -
- Et qu'est-ce - t' - dit? m'a - Maman
- Il m'- dit - c'était - bien - chéri, et - j'aille -, j'ai -.
Ça, - ne - a pas - à Maman. «Ça - exemple! elle - dit, et - elle - allée - le -.

SON ET LUMIÈRE

On part d'une série d'images qui forment une histoire logique (chacun sa province par ex. jeux du Père Castor — Flammarion)

On prend une série, soit on dispose une dizaine d'images

On écrit une phrase ou un texte qui doit mettre sur la piste de la carte choisie..

C'est à qui trouveras le plus vite possible l'image correspondant au texte.

CHACUN SA PLACE

Rétablis le plus vite possible, l'ordre des mots qui a été bouleversé.

toi va retard dépêche en on être.
le aigle de forêt plane grand au-dessus la.
Il dans nuages disparaît les pour piquer mieux sa proie sur.
vaches pâturent les herbes les dans hautes de la prairie.
Elle y tout resteront l'été.
Travail rentre moi terminé à son la papa avec maison.
Miron chien notre à rencontre en vient notre jappant.
Soleil couche pour place le se la faire à nuit.
Les disparaissent maisons petit à petit le dans noir.
Quelques s'allument lumières, baissent ses quelques volets.
On bien est soi chez le devant feu en l'heure attendant dîner du.

LE PUZZLE

Lis rapidement le texte suivant, ensuite tu le retrouveras en morceaux. Reconstitue le le plus vite possible.

Une découverte (série mini-contes éd. Lito - Paris) Claire et François ont été très sages. Ils ont la permission d'aller dans le petit bois qui est tout au bout du jardin.

«Prenez le petit panier», dit maman «et rapportez-nous des fraises sauvages.»

Comme il fait bon dans le sous-bois, le soleil brille à travers les feuilles et la mousse étoilée fait un tapis très doux.

François court dans les sentiers et il a envie de monter aux arbres.

Texte et illustrations de M. DANON

ont été très sages et Claire et François.
Ont ils permission la d'aller le dans petit bois qui tout es au du bout jardin.
«Prenez panier le petit» maman dit «et nous rapportez sauvages des fraises».

Comme le il fait sous-bois dans bon, brille le soleil le à travers feuilles les et mousse étoilée la fait très un doux tapis.
François dans sentiers court les et a il envie aux de arbres monter.

Essaie de lire directement le texte :

Claire les nouvelles regarde pousses, dans de l'espoir découvrir fraises des. Mais quelque soudain chose sous feuille une bouge... C'est oiseau un ! quelle découverte !, viens François, vite, oiseau bébé j' découvert ai.
Précaution avec deux les enfants le tapissent panier petit d'un mousse nid pour l'oiseau mettre y.
Claire regarde les pousses nouvelles, dans l'espoir de découvrir des fraises. Mais soudain quelque chose bouge sous une feuille... C'est un oiseau ! Quelle découverte ! « François, viens vite, j'ai découvert un bébé oiseau ».
Avec précaution les deux enfants tapissent le petit panier d'un nid dde mousse pour y mettre l'oiseau.

LE PAS À PAS

On choisit un texte. On lit chacun un mot en cachant bien ce mot au moment où on le lit (voir Lecture et Dyslexie (28)

L'avantage de lire chacun un mot est que l'autre bénéficie de l'apport du premier.

L'important est de bien cacher le mot (flash rapide) de façon que le lecteur n'ait pas le mot sous les yeux au moment où il le lit.

SUIVEZ LE GUIDE

Toujours en cachant, le partenaire demande à l'autre de lire en englobant une rhèse entière d'un coup d'œil.

(Voir Lecture et Dyslexie (28), où des textes sont découpés en rhèses.

S'exercer à partir des textes suivants :

Balouka l'ourson (série mini-contes texte de A. Ortholan éd. Lito)

Balouka est un petit ours heureux
qui vit
dparmi les fleurs dorées,
les papillons
et les oiseaux.

178

quelle joie
de grimper dans les arbres,
tout seul,
parmi les feuilles nouvelles!
le vent du printemps
chante la joie du ciel bleu
et balance
le ptit ours heureux.
la vie
est si belle
dans les bois
tout parfumés de jacinthes.
Balouka se régale
de miel sauvage
et fait des parties
de cache-cache
avec ses frères.

La suite en continu :

Maman ourse dit à Balouka : na va pas plus loin que le sentier qui
borde la clairière.
Plouf! Balouka se jette dans l'eau.
Il nage dans la rivièreet cherche des poissons.
Il se laisse emporterpar le courant.
C'est merveilleux!
— Au revoir! Je pars en voyage . Quand Balouka sort de l'eau
tout ruisselantil se secoueet rit : - ah! la! la!
Comme je suis bien! Allez, en route! Je ferai le tour de la terre...

LES RELAIS

On se met d'accord pour lire chacun jusqu'à un point.
Arrivé au point le partenaire enchaîne. Et ainsi de suite.

BRISER LA CHAÎNE

Lis le plus vite possible en séparant les mots.

J'étaisàlamaisonentraindejoueràlaballequandbing!j'aicassélevase
rosedusalon.Mamanestvenueencourantetmoijemesuismisàpleurer.

Ilnefaitpastouslesjoursbeauparfoisilpleutetc'estmoinsagréable.Lama-
mandeNicolasn'apasétécontenteparcequesonfilsacassélevasedu-
salon.
jenesaisvraimentpaspourquoij'aiétéappeléchezledirecteuraujourd'hui.
ilnefaudraitpasquetusoistouslesjoursenretardcommecematin.
astuétévoircefilmdontondittantdebien?
oùvastuenvacancescetété?

unegrimacediscrètefutsaseuleréponse.
jedébarrassailesllivresquiencombraientlachaisepourqu'ilpuisses'as-
seoir.
danslachambredumaladeflottaitunefadeodeurdemédicamentquimeprit
àlagorgeetquimefitfairelagrimace.

jetrouvaimonamichezluientrainderéparersavoitureetdelanettoyer.

jevoudraisboireunetassedechocolatchaudetmangerdeuxcroissants.

VRAI OU FAUX

Repère le plus vite possible les phrases qui sont vraies.

je mets du sel dans la pâtisserie
l'auto monte les escaliers
le cheval roule sur la route
la lampe éteinte éclaire mon livre
j'alume la lampe pour éclairer mon livre
maman et papa se rasent la barbe chaque matin
les chocolats poussent sur le chocolatier
on fait du chocolat avec du beurre de cacao
les noix de coco et les vaches donnent du lait
les flammes de la cheminée refroidissent la chambre
le soleil se cache dans les nuages
les nuages cachent le soleil
le soleil cache les nuages
les chiens ont tous des poils
le canard s'est noyé dans la mare car il ne nage pas
le canard nage dans le pré
le poisson se promène en laisse
l'enfant a collé un timbre sur la lettre
le facteur apporte le courrier qu'il dépose dans la boîte aux lettres
l'auto recule en avant pour laisser passer le camion
les singes volent d'arbre en arbre en poussant des cris

les singes sautent d'un arbre à l'autre
papa me gronde gentiment car il me comprend
le chat hérisse sa fourrure en voyant le chien
la maman chatte lisse les plumes du chaton
les fils électriques sont tendus d'un poteau à l'autre
le jardinier cueille les pommes de terre et les pommes

LES FAUX

en automne les arbres perdent leur feuilles
notre chien mange dans une assiette avec un couteau et une
fourchette
en Belgique on parle deux langues : le français et l'anglais
quand je parle, j'ouvre la bouche
mon poisson rouge dort dans un lit à côté de moi
quand je roule à vélo le soir j'allume mon phare
les hommes ont deux bras, deux mains, deux jambes, deux pieds et
deux nez
les baleines vivent dans la mer
dans les fermes, on trouve beaucoup d'animaux : des poules, des
vaches, des moutons, des lapins, des chevaux
l'agent de police n'est pas content, l'automobiliste ne s'est pas arrêté
lorsque le feu était vert
le soir avant d'aller dormir, je regarde la radio

grâce au téléphone, je peux parler à ma voisine sans aller chez elle.
le cochon est un gros animal qui vit dans l'eau.
il pleut toujours quand le soleil brille très fort
parfois quand on mange trop de chocolat, on devient malade
tous les étés il neige.
le soir, lorsque j'ai fini mes devoirs, je vais à l'école.
le drapeau ne flotte pas quand il y a du vent.
le dessert que je préfère, c'est la soupe aux tomates.

LES RACCOURCIS

Lis le plus rapidement possible ces phrases et résume-les en un minimum
de mots :

lorsque le sous-marin Nautilus effectua son tour du monde, il signala, à proximité de l'île de Pâques, l'existence d'un pic sous-marin extrêmement élevé et encore non identifié.

(Fantastique île de Pâques. F. Maziere R. Laffont. Livre de poche 2479 p. 43).

Il s'éveilla à cinq heures du matin. Il avait la tête lourde. Il alla jusqu'à la fenêtre, l'ouvrit. Huma l'air mouillé resta quelques instants à regarder le ciel où brillaient les dernières étoiles de la nuit.

Il était une fois un soldat qui revenait de guerre, il rencontra une vieille femme au nez crochu qui lui demandant comment il s'appelait et d'où il venait.

Dans une chambre le soldat trouva un coffre plein de pièces d'or et un chien aux yeux grands comme des tours.

Le ministre du roi s'installa dans un luxueux hôtel, s'acheta de beaux vêtements et une superbe voiture.

Aujourd'hui le facteur ne m'a pas apporté de lettres et j'attends une carte de mon amie qui est en vacances depuis un mois.

Pendant les vacances, Pierre a été en voyage avec ses parents. Il a d'abord séjourné à la mer où il a appris à nager, puis à la montagne où il a fait de grandes randonnées.

Il a escaladé plusieurs montagnes avec l'aide d'un guide il a rencontré d'énormes rochers. Il est rentré à la maison plein de souvenirs agréables et passionnants à partager avec ses amis.

Jacques est content il a retrouvé son petit chien noir qui avait disparu depuis le matin.

Pendant que son maître lui tournait le dos, le chien a rapidement saisi le morceau de viande qui était sur la table.

Une petite fille donne du sucre aux poules. « Pourquoi donnes-tu du sucre aux poules ? » demande sa maman. « C'est pour qu'elles pondent des œufs en sucre » répond la petite fille.

Bruno raconte à son ami Laurent : figure-toi que dans le wagon je m'étais mis près d'une portière dont la vitre ne pouvait pas se relever. J'ai reçu tout le vent dans la figure. » « - mais il fallait changer de place avec un autre voyageur » lui dit Laurent. - « Pas moyen, mon cher, j'étais tout seul dans le compartiment » répond Bruno.

Jean rentre chez lui, ses vêtements sont déchirés. Sa maman se fâche : -« d'où viens-tu et pourquoi tous ces trous sur tes vêtements ? - Mais maman, on jouait à l'épicier et c'est moi qui était le gruyère. »

La maman de Pierre fait de la belle confiture aux fraises. Pierre qui est très gourmand voudrait bien goûter cette belle confiture rouge. Mais sa maman ne veut pas, elle aimerait bien que Pierre joue au jardin avec ses frères. Alors en cachette, Pierre glisse un doigt dans un pot que sa maman vient de remplir. Malheureusement, la confiture est encore toute chaude. Le doigt de Pierre est brûlé. Pierre crie. Sa maman accourt mais estimant que Pierre s'est puni lui-même elle ne lui fait aucun reproche. Elle soigne le doigt de Pierre qui a appris à ses dépens qu'il fallait beaucoup mieux écouter maman.

Sophie et Bruno marchèrent longtemps car le bois était très grand. Tout à coup, le chemin se divisa en deux petits sentiers qui entraient dans les buissons. Les enfants décidèrent de se séparer et de se retrouver au même endroit lorsque chacun d'eux aurait rempli son panier de chamignons. Bruno était sûr qu'il trouverait plus de champignons que Sophie.

Dans une charmante ferme au bord d'une grande forêt, maman cane après avoir couvé des jours entiers donna naissance, un beau matin à quatre petits canards au duvet soyeux. Elle se réjouit, puis décida d'aller apprendre à nager à ses petits. Elle allait s'élancer hors de son nid, lorsqu'elle aperçut qu'un des œufs n'était pas éclos? En soupirant elle se remit à couver. Bientôt, un bec, puis une tête apparurent, un petit canard tout gris était né.

Maman cane trouvait son petit canard gris très laid mais il nageait très bien. Maman cane était émerveillée. Mais tous les animaux de la ferme se moquaient du vilain petit canard. Aussi un jour il décida de s'enfuir. Courageusement il marcha la nuit entière dans la sombre forêt. Il arriva près d'un étang où habitait une bande de canards sauvages. Il vécut là très heureux.

La course de X est un épreuve épuisante pour les hommes comme pour les moteurs. Imaginez la tension du conducteur qui prend la route au milieu de la nuit et qui, à la seule lumière des phares, fonce sur la piste à plus de deux cent cinquante kilomètres/heure. Il faut faire attention à des quantités de choses : la tache d'huile sur la route, l'adversaire qui dérape et se met au travers de la piste, la petite panne stupide, imprévisible.

Les grandes marques de voitures engagent généralement plusieurs équipages ayant chacun deux conducteurs et donnent à chaque équipage un rôle déterminé. Un des équipages sera chargé d'aller le plus vite possible pour obliger les adversaires à courir après lui et à fatiguer leur moteur. Un deuxième équipage devra rester derrière le premier à quelque distance pour profiter des occasions favorables. Un troisième se tiendra derrière en réserve.

LA RÈGLE DU JEU

Ce jeu se joue avec trois personnes ou plus.
On tire au sort celui qui sera le crieur.
Le crieur va se mettre tout près d'un mur ou d'un arbre.
Les autres joueurs vont se placer sur une ligne 15 mètres plus loin.
Le crieur se cache la tête contre le mur ou l'arbre et crie «un, deux trois piano». Il se retourne alors brusquement vers les autres joueurs lorsqu'il a fini de crier.
Pendant qu''il a le dos tourné, les joueurs essayent d'arriver le plus vite possible à côté du crieur, mais si le crieur en voit bouger un au moment où il se retourne pour regarder, celui qu'il a vu bouger doit retrourner à la ligne de départ. Les autres peuvent rester où ils sont arrivés.
Et le jeu continue, lorsque le crieur a nommé tous ceux qu'il a vus bouger, il se recache la tête contre le mur où l'arbre et crie à nouveau : «un deux trois piano». Pendant qu'il a le dos tourné les autres joueurs continuent à avancer.
Le premier qui réussit à taper dans le dos du crieur, quand celui-ci a la tête contre l'arbre ou le mur, a gagné.

Résume la règle du jeu en quelques mots.
Combien de fois figurent les mots :
mur, arbre, crieur, crie.
Invente à ton tour des règles de jeu.

LES PROBLÈMES

Paul a reçu trois livres : l'un de 345 pages, l'autre de 250 pages, le troisième de 156 pages.
Combien de pages cela fait-il en tout?
Si Paul lit 25 pages par jour combien de jours mettra-t-il pour lire chaque livre?
En combien de semaines aura-t-il terminé les trois livres?

Dans mon verger il y a moins de poiriers que de pommiers.
Il y a cependant autant de pruniers que de poiriers mais moins de framboisiers que de pommiers.

Combien de sortes d'arbres ai-je?
De quoi ai-je le plus?
De quoi ai-je le moins?

Paul est plus grand que Pierre mais moins grand que Jean
qui est le plus grand? qui est le plus petit?

Ces fleurs ne sont pas aussi chères que ces fruits mais plus chères que ces pralines qui sont cependant moins chères que ce gâteau.
Quel produit coûte le plus cher?
Le moins cher?
Classe les du moins cher au plus cher.

Il y a quinze ans mon oncle avait quatre ans de plus que ma tante.
Ma tante a actuellement 56 ans. Quel âge à mon oncle?
Quel âge avait ma tante il y a dix ans?

Dans mon sac il y a cinq bille vertes en plus que des billes rouges mais il y a autant de billes jaunes que de billes vertes, par contre il n'y a que trois billes blanches. En tout il y a 60 billes.
Combien de sortes de billes ai-je.
Classe-les en partant des couleurs les plus représentées.
Essaye de compter combien il y a de billes de chaque couleur.

LES FIORITURES

Repère le plus vite possible les détails de la phrase, ensuite lis la phrase en ne reprenant que l'essentiel.

Fourré de fromage blanc parfumé de façon exquise, à la mandarine et au citron, ce gâteau extra léger de forme agréable sera apprécié à la fin d'un repas de fête par ceux qui craignent les pâtisseries toujours trop riches en crème.

Naguère les haies verdoyantes et les broussailles sauvages abritaient des centaines de nids d'oiseaux. Ces gentils insectivores protégeaient efficacement les récoltes des ennemis terribles qui les guettaient.

Particulièrement astucieux, un gamin de dix ans explique comment il se fait de bonnes petites pièces en tondant les pelouses de ses voisins : «au début, je m'y prenais mal. Je proposais aux gens, le dimanche matin : «voulez-vous que je tonde votre pelouse cet après-midi ? » Et automatiquement ils me disaient «non». Tandis que maintenant j'attends qu'ils en soient déjà à la moitié pour leur faire mes propositions. Et là, ça marche à tous les coups»

L'école du rire (45) p. 272

Une dame, passant devant un pavillon de banlieue, félicite un enfant d'une dizaine d'années : «tu tonds la pelouse comme un vrai petit homme, mon chéri. Je parie que ta maman t'a promis quelque chose si tu faisais ce travail. — Non dit le gamin, d'un air sombre. C'est papa qui m'a promis quelque chose si je ne le faisais pas. »

Ibidem p. 271 (45).

L'oiseau d'or Grimm contes folio 840 p ; 158 (46).
Une fois, il y a bien longtemps, il était un roi qui avait un joli jardin d'agrément derrière son château, et là il y avait un arbre qui portait des pommes d'or. Quand les pommes furent mûres on les compta, mais dès le lendemain, il en manqua a une. On rapporta la chose au roi, qui ordonna qu'on eût chaque nuit à monter la garde sous l'arbre. Le roi avait trois fils ; à la nuit tombante il envoya le premier au jardin : mais sur le coup de minuit, il ne peut s'empêcher de dormir, et le lendemain matin, il manquait de nouveau une pomme. La nuit suivante, ce fut le deuxième fils qui dut prendre la garde, mais il lui arriva la même chose : quaand minuit eut sonné, il s'endormit et le matin il manquait une pomme. Vint alors le tour du troisième fils, qui était prêt aussi à monter la garde, mais le roi n'avait guère confiance en lui et pensait qu'il se montrerait moins capable encore que ses frères ; pourtant, finit par le lui permettre. Le jeune homme s'étendit donc sous l'arbre, resta éveillé et sut résister au sommeil. Quand minuit sonna, un frémissement parcourut l'air et il vit au clair de lune un oiseau qui venait vers lui à tire-d'aile et dont le plumage brillait comme de l'or. L'oiseau se percha sur l'arbre et il venait juste de becqueter une pomme quand le jeune homme lui décocha une flèche. L'oiseau s'enfuit, mais la flèche l'avait atteint et l'une de ses plumes d'or tomba. Le jeune homme la ramassa, le lendemain il la porta à son père et lui raconta ce qu'il avait vu pendant la nuit. Le roi réunit son conseil et tout le monde déclara qu'une plume pareille avait plus de valeur que le royaume tout entier. «Si cette plume est si précieuse, déclara le roi, il ne sert de rien d'en avoir une, il me faut et j'aurai l'oiseau entier.» Le fils aîné se mit en route, se fiant à son intelligence, il se croyait sûr de trouver l'oiseau d'or. Après avoir fait

un bout de chemin, il vit un renard assis à l'orée du bois, il épaula son fusil et le visa. Le renard s'écria : « Ne tire pas, en échange je te donnerai un bon conseil. Tu es parti à la recherche de l'oiseau d'or et ce soir tu arriveras dans un village où il y a deux auberges qui se font face. L'une est toute brillante de lumière, et on y mène joyeuse vie : mais n'y entre pas, va dans l'autre, même si tu lui trouves mauvaise apparence. »

LE TÉLEX

Voici des messages en télex à reproduire dans leur intégralité

venons 3 demain prévenir famille
   Incendie ravage forêt Paris pompiers arrivés secours
Président République attendu mois prochain New-
York reçu journalistes américains.
tempête navigation impossible pêche interrompue retour.
prochain message marins vendredi familles téléphoner jeudi plus tard
753 82 00 10-12 heures.
Perdu chien poils longs Zouki race récompense avertir
concert cathédrale orgues réserver places sacristie
avion décollé trois heures survole méditerranée arrivera
   destination heure prévue
cherche photos Sahara reportage couleur original

invente toi-même des télex

IMMOBILIER

- Repère le classement adopté
- Repère les studios
       les appartements
       les deux, trois pièces

- Qu'y a-t-il à vendre, classe l'immobilier par catégories, Châteaux, etc.

LES OFFRES D'EMPLOI

- Comment sont-elles classées
- Classe les offres d'emploi

- Combien offre-t-on d'emplois de chaque catégorie ?

- Repère les opérateurs
       les comptables
       les secrétaires...

- Lis tous haut quelques annonces.

Impte ENTREPRISE PARIS
recherche :

Pour son service de documentation générale

UN (E)
DOCUMENTALISTE
EXPÉRIMENTÉ (E)

Diplômé (e) d'études supérieures.
70.000 F annuel. Statut V.R.P.

Adresser C.V., photo n° 73.426,
CONTESSE PUBLICITE
20, av. Opéra, 75040, Paris cedex 01 qui transmettra.

ASSOCIATION de FORMATION PROFESSIONNELLE IMPORTANTE
Distribution Alimentaire recherche

ANIMATEURS
VACATAIRES
CONFIRMES

— Relations humaines ;
— Relations sociales ;
— Droit social ;
— Gestion de magasins.
— Marchandisage de rayons.
— Produits frais et boucherie.
— Réglementations commerc.

Envoyer C.V. et prétentions à A.F.O.R.M.A.S.
21 bis, rue Lord-Byron,
75008 PARIS

Import. Société d'Electronique recherche

INGÉNIEURS
GRANDE ECOLE

DEBUTANTS ou CONFIRMES
LOGICIEL DE BASE
Temps réel - Assembleur.
Téléph. pour R.-V. : 355-43-60.

J. ET E. SOZIO
recherche

DIRECTEUR
BUREAU PARIS

pour vente de ses matières aromatiques et composition à l'INDUSTRIE DES PARFUMS et COSMETIQUES. Expér. ds la branche indispensable.
Envoyer C.V. et prétent. à
M. Robert MOOR, Président,
J. et E. SOZIO, 6, r. Barbès,
92300 LEVALLOIS - PARIS

GROUPE DE PRESSE PARIS
recrute
pour son SERVICE DE NUIT
SECRETARIAT DE REDACT.
et REVUES PRESSE QUOTID.

JOURNALISTE EXPÉRIMENTÉ
Formation universitaire, connaissant les problèmes politiques, économiques, sociaux et administratifs.
Horaires : 22 h. 6 h. matin.
Ecr. S.G.P.
13, av. de l'Opéra, 75001 Paris.

ORGANISME TOURISME SOCIAL, vocation sportive recherche

POUR PARIS
UN CHEF
SERVICE DES VENTES

placé sous l'autorité du directeurs des programmes, aura la responsabilité du personnel de ventes (environ 30 personnes).
Sa mission consistera à :
— Organiser et planifier le travail du service ;
— Animer et former le personnel, sous sa responsabilité ;
— Exploiter les tableaux de bord et statistiq. de ventes ;
— Suivre la clientèle groupe.
Ce poste conviendrait à un candidat âgé de 28 ans minim., méthodique et rigoureux.
Formation Bac + 3 — Ecoles commerciales, expér. profess. 3 ans minim.

Une personnalité affirmée un jugement sûr et une bonne pratique de la conduite de personnel sont indispensables pour réussir dans cette fonction.

POUR LILLE
UN RESPONSABLE
BUREAU VENTE RÉGIONAL

placé sous l'autorité du responsable de la promotion des ventes à Paris, aura la responsabilité du personnel du bur. (3 personnes).
Sa mission consistera à :
— Renforcer la clientèle exist. et développer une nouvelle clientèle de gr. (en priorité) et d'individuels dans la région NORD de la FRANCE;
— Promouvoir les vtes pendant les périodes creuses de débuts et fins de saison ;
— Gérer le programme d'actions cciales de sa région ;
— Participer à la réalisation d'opérations promotionnelles;
— Etablir et gérer le budget annuel du fonctionnement du bureau.
— Organiser le travail, animer et former le personnel sous sa responsabilité ;
— Ce poste conviendrait à un candid. âgé de 27 a. min. ;
— Formation : Bac + 2 — Ecoles cciales ou équivalent, expér. prof. 3 a. min., avec responsabilité de personnel.

Un sens rigoureux de l'organisation et de la gestion, le goût et une compétence affirmés pour la vente directe et l'animation sont indispens. pour réussir dans cette fonction.

POUR CES DEUX POSTES
une motivation pour la pratique d'activités sportives est souhait. POSTES STABLES.

ADRESSER lettre candidature
C.V. avec photo et prét. sous
n° 41.348 PA SVP
37, r. du Gal-Foy, 75008 Paris.

Cabinet expertise comptable
Ecole-Militaire
recherche

COMPTABLE
CONFIRMÉ (N 4)

pr tenue dossiers PME et toutes déclarations, bilan compris. Expér. indispensab.
5X8X13 Env. C.V. et prét. à
M. Dhennequin « Personnel »
50, av. Bosquet, 75007 PARIS

SOCIETE PARIS 17e
recherche

COMPTABLE
1er ECHELON

possédant CAP + expérience
Poste stable. 13e mois
Ecr. av. c.v. et prétent.
ou se prés. ISO 79 bis,
rue de Prony 75017 PARIS

GROUPE IMMOBILIER
recherche

COMPTABLE

EXPERIMENTE lib. rapid.
env. lettre manuscrite av.
C.V. et prétentions à :
INDIMO Service du Personnel - 7, rue Logelbac - 75017 Paris

Sté COPRAT postes IMMEDIATS

SECRETAIRES-
COMPTABLES
avec DACTYLO

AIDES-COMPTABLES
avec DACTYLO
82, rue St-Lazare-9e 874.49.17

FILIALE SUEDOISE
à SAINT-DENIS recherche
COMPTABLE CONFIRME(E)
ayant solide expérience des payes, déclarations sociales, fiscales, gestion de stocks, comptabilité générale.
Salaire sur 14 mois.
TEL. 820.61.81 poste 308

POUR PARIS-11e
recherchons

COMPTABLE

(HOMME ou FEMME 2e ÉCH.)
EXPÉRIENCE - INITIATIVES
LIBRE DE SUITE
Tél. 355.60.10
(le matin de préférence)

Société PARIS 9e
recherche
JEUNE FILLE
AIDE-COMPTABLE-DACTYLO
Travail varié. Lib. de ste
Ecr. Mme Ferré, 9, Villa des Lilas, Paris-19e, q. tr.

STÉ ÉDITION PUBLICITAIRE
PARIS-15e cherche
J.F. pour secrétariat et tenue comptabilité par décalque

Tél. pr r.-vs 533.50.72

EGS ETT recrute

AIDE-COMPTABLE
DACTYLO
18, rue Daunou Paris 2e
M° OPERA 261.65.21

Pr poste à responsabilités

COMPTABLE II
niveau BTS ou DECS
expérience 5 ans
ASTEC 94, r. St-Lazare 9e escalier D, r.-de-ch.

Le Monde 1er.X.80

AUTOS-MOTOS

• Repère le plus vite possible les différentes autos à vendre.

VENTES FRANÇAISES

CITROEN

Partic. vd CX 2500 D sup. parf. ét. vert métal. int. sable 75.000 km an. 79 Embr. freins ref. Px intéressant Diravi Tél. 063.48.26

CXD 2500 PALLAS 5 v. Mod. 80 DIR. 150, rad.-cass. ampli 4 H.P. 35.000 km, 1re main, 976.24.75 Bureau 747.50.50 poste 113

ID 19 1.900 F + 15 h 876.95.40. 20 h 300.47.17

G.S. 73, 2.300 F Bon état général. 620.42.76

CX 2400 PALLAS 77 21.900 F av. 900 comptant. AUT. 00.05

PEUGEOT

NEUBAUER **PEUGEOT**
EXCEPTIONNEL PRIX COUTANT sur derniers modèles 80 DISPONIBLES
M. GERARD : **821.60.21**

PART. à PARTICULIER vend 504 T.i. toit ouvr. ann. 79 Gris métal. vitr. teint. div. access. 40.000 km pneus XAS Parf. état. Tél. 997.21.56 après 19 h

Sté vd 604 Peugeot déc. 75, automatique, intérieur cuir vert métallisé, 120.000 km, 16.500 F. 985.48.28 h.b.

Part. vd **505 SR** 1980 6.500 km 3 m. garantie, gris boréal. 45.000 F. (81) 34.52.49

Part. vd **504 TI** 73, cuir autom. bl. métal. 78.000 km, tr. b. état. 6.000 F. 202.56.15

504 DIESEL 1976 moteur neuf. Tél. 264.15.69

305 GR Etat neuf + 15 h 876.95.40. + 20 h 300.47.17

RENAULT

Particulier vend R20 DIESEL GT 6 mois, vert mét. vitr. teint. 52.500 F, 7.200 km crédit dom. 620.11.86 bur. 609.94.56 p. 364

Part. vd **R18 TL** break 80 6.800 km vert métal. Vit. teintées, essuie-gl. arr. 37.000 F. Tél. 730.61.39, ap. 19 h

PARTICULIER vend **R12 TS** 77 47.000 km 1re MAIN. Prix argus. Tél. 780.69.61. après 19 h

FORD

Part. vd Ford Granada année 79 gris métal. 26.000 km Mod. 2,3 l BA. Prix Argus. Tél. le matin trav. 225.03.10 Tél. dom. ap.-midi 251.42.07

MERCEDES

220 D 1976 options, 1re main très belle - 28.000 F Tél. (41) 80.14.77 apr. 18 h

ROVER

Part. vd Rover 3500 année 78. Prix intéressant. Tél. 12h-14h : 825.20.35

AUSTIN-MORRIS

Particulier vd MORRIS **MARINA** 7 cv 1979 1re m. Parf. état. 7.500 F. Px Argus 19.700. Tél. 606.36.02

Particulier vend Austin 1100 Spéc. année 80, Sous garantie. Prix 18.500 F. Toutes options. Tél. 832.19.16

Part. de préférence à part. AUSTIN 1100, 1980 très peu roulé, toute équipée peinture spéciale. T. 249.11.25

AUSTIN Mini spéciale 1980 12.000 km très belle gris métal. 737.16.52.

TALBOT

TALBOT **1510 et HORIZON** modèle 80 TT et direction Moins de 3 Mois et 5.000 km Tous coloris. Px intéressant Créd. 36mois. Leasing 48 mois.
270.67.60

1037 - 1308 76 à 78 A partir de 12.000 F av. 500 comptant. Solde 36 mois.
270.67.60

Affaire except. 1307 GLS 79. B. ét. Px sous Argus. 607.70.29

ALGERIENS PEUGEOT RENAULT Disponibles HORS-TAXES **PAN-CARS EXPORT** 2, Av. Porte de St-Cloud 16 ENTRÉE par le PARKING voir Mr BERGER **651.43.42**

VW - AUDI modèles 81 disponibles JETTA-GOLF GTI-POLO AUDI 100-80 essence diesel. RIVOLI AUTOS 48, r. de l'Arbre-Sec, 75001 Paris, Mº Louvre. 260.13.21 et 10.80

ESTAFETTE 1.000 km surélevé 77, 63.000 km. 15.500 F 104 GL 78, 39.000 km 17.000 F. Garantie 6 mois pièces et main-d'œuvre OMNIUM AUTO, 43, rue Sedaine. Tél. 700.96.38

AUTOBIANCHI

Particulier vd Autobianchi Abarth HP 58 6 CV, 75, très bon état. Mot. neuf (factures) 7.800 F. 346.78.61

AMERICAINES

OLDSMOBILE diesel 81 16 CV (petite vignette) 2.000 km. Prix except. Options. Poss. crédit Reprise leasing Tél. (55) 30.48.30

Buick SKYLARK compact 13 CV mod. 81, 3.500 km non immat. poss. leasing crédit reprise. Tél. (55) 30.48.30

France soir 30.IX.80

DIS-MOI

Chacun lit un texte ou un passage et pose des questions à l'auditeur. C'est celui qui lit qui pose les questions à celui qui écoute.

S.O.S. NATURE (Femme d'aujourd'hui 12-12-1978)

LES HAIES

Il était bien joli, ce paysage agreste dont les champs et les prairies s'entouraient de haies verdoyantes. Mais il ne faisait pas l'affaire de l'agriculteur. «Ces haies, disait-il, prennent de la place inutilement. Elle font de l'ombre sur les cultures. Elle gênent l'utilisation des machines agricoles. En les supprimant, j'aurai un champ d'un seul tenant, d'un meilleur rendement».

Ayant dit, il fit raser les haies. Le résultat ne se fit guère attendre. Mais ce n'était pas celui qu'il escomptait.

Les haies remplacées par des fils de fer barbelés, les pluies lessivèrent le sol, entraînant au loin ses éléments nutritifs. Le vent que rien n'arrêtait plus, balaya peu à peu la couche de terre fertile. En hiver, le gel atteignit gravement les semences. Notre agriculteur se demanda s'il n'avait pas tué la poule aux œufs d'or. Mais ce n'était pas encore tout...

Les haies offraient également un asile de choix aux oiseaux de proie, grands consommateurs de petits rongeurs dont ils sont les prédateurs naturels.

Naguère les haies et les broussailles abritaient des centaines de nids d'oiseaux. Celui qui les avait plantés là savait bien ce qu'il faisait, car ces gentils insectivores protégeaient les récoltes des ennemis qui les guettaient.

Désormais, les petits passereaux ont fui vers des lieux plus hospitaliers. Et les insectes, maîtres du terrain, s'en donnent à cœur joie. Ils ne cessent de se multiplier, au détriment des cultures.

Plus de haies, plus d'oiseaux de proie. Mulots et campagnols prolifèrent et ravagent les récoltes. Car tout se tient dans la nature. En rompant son équilibre, l'homme provoque des réactions en chaîne qui s'avèrent presque toujours catastrophiques.

A QUI LE PLUS DE QUESTIONS ?

Reprenez le texte précédent (les haies)
C'est à qui trouvera le plus de questions à poser

par ex. : comment était le paysage
pourquoi cela ne plaisait-il pas à l'agriculteur
qu'est-ce qui ne plaisait pas à l'agriculteur pourquoi ? etc.

Faites la même chose avec les textes suivants :

Comment entretenir un papier peint ?

Comment le nettoyer ? Selon sa nature... lavable ? Lessivable ?
L'un n'est pas l'autre ! Il s'agit donc de ne pas les confondre.

D'une manière générale, on peut dire que tous les papiers support-
ent d'être « épongés » c'est-à-dire que les traces de colle faites lors
de la pose disparaissent à condition de les éponger sur-le-champ
avec un peu d'eau claire. Encore faut-il faire vite et en douceur.

Les « lavables » tolèrent l'eau additionnée d'un peu de savon de
Marseille. Un essai préalable sur échantillon s'impose. Les « lessiva-
bles » ne craignent rien. On peut employer sur eux eau et savon ou
détergent, voire même une solution d'eau de Javel. Leurs couleurs
sont garanties grand teint.

Toutefois, attention ! Un papier lessivable « plastifié » craint terrible-
ment les pétroles, l'acétone, l'essence de térébenthine. En un mot :
les solvants.

Un iceberg à la dérive

La NASA observe périodiquement par satellite, dans l'Océan
antarctique un phénomène hors du commun : il s'agit d'un iceberg
géant qui dérive lentement dans les eaux de l'Antarctique et se dirige
vers le sud de l'Océan Atlantique.

Cet iceberg est long d'environ 75 km sur 42 km de large, soit
environ la dimension d'un département français. Il est épais de plus
de 350 mètres.

Il s'est détaché en 1971, semble-t-il, de la banquise de la terre de
la Princesse Martha et a déjà parcouru plus de 2 500 kilomètres.
Pour le moment, il est bloqué du côté de l'archipel de Palmer, mais
on pense qu'il finira par se libérer et reprendra sa route.

Pour le moment, en raison de ses gigantesques dimensions, il ne
présente pas de danger pour la navigation ; mais s'il parvient jusqu'à
la mer libre, on va sans doute se disloquer en plusieur morceaux,

sous l'effet de l'action de la mer plus chaude et risque alors, d'être dangereux. Mais ce n'est pas encore pour demain.

Les savants avaient, un moment, caressé le projet de remorquer cet immense bloc de glace jusqu'aux côtes de Californie, en calculant que l'iceberg pourrait alimenter en eau douce toute la Californie pendant plus de mille ans. On sait que la Californie souffre de sécheresse depuis pas mal de temps déjà. Mais il semble que ce projet soit irréalisable et dans tous les cas la NASA dit que jusqu'à présent personne n'a pu soumettre de projet réalisable sur le plan pratique et financier.

Quoi qu'il en soit, la Nasa et les services océanographiques de la marine américaine continuent à surveiller cet iceberg géant.

(Belgique Numéro 1 - décembre 1978)

Quels sont les mots qui reviennent le plus souvent?
Combien de fois lis-tu iceberg, NASA, projet...

Les fruits confits (Belgique N° 1 décembre 1978)
Connus en Orient et en Europe depuis le Moyen Age, ils figuraient alors sur les tables des festins.

C'est en Provence terre d'élection du melon cantaloup, des abricots et de la figue — fleur, que la fabrication des fruits confits se développa en premier lieu. Aix-en-Provence était déjà alors le centre de l'artisanat des fruits confits.

Elle fournissait le pape Clément VI, installé à Avignon, et la cour du roi René.

De nos jours les deux grandes régions productrices sont l'Auvergne, autour de Clermont-Ferrand; et le Midi, Dauphiné et Provence. Aix étant devenue la capitale mondiale d'où partent les exportations vers le monde entier.

La France fabrique chaque année 10 700 tonnes de cerises confites (des bigarreaux) et plus de la moitié de la production de fruits part à l'exportation.

Quels fruits confit-on?

Tous en principe mais pour chacun, certaines variétés seulement. Les plus anciennement connus sont les abricots, cerises, prunes, figues, poires, fraises et l'angélique.

Plus nouvellement utilisés : les fruits exotiques, ananas entiers ou en tranches, mandarines, kumquats...

L'angélique ou herbe aux anges a été rapportée, dit-on, par les croisés et fut très appréciée au Moyen Age. Ce sont les tiges qui sont confites et vendues en tronçons plus ou moins longs.

Les échardes :

L'écharde est une petite épine de bois ou de métal que vous vous enfoncez maladroitement à travers la peau et qu'il faut retirer avant qu'elle n'infecte l'endroit où elle est placée. Il faut reconnaître que cette minuscule chose est fort douloureuse, surtout si elle est mal placée : une écharde qui entre sous un ongle vous fera hurler de douleur et on ne pourra même pas vous traiter de douillet...

Si un bout de l'écharde sort, il faut la prendre délicatement avec une pince à épiler et la tirer bien droite pour qu'elle ne se brise pas. Si l'écharde s'est cassée, il faut faire une légère incision ; dans ce cas il vaut mieux que vous alliez voir un médecin mais si vous n'en avez pas, vous la ferez vous-même à l'aide d'une lame à rasoir en pratiquant auparavant une anesthésie locale avec de la glace.

Si l'écharde est placée sous un ongle, seul un médecin pourra pratiquer l'intervention car il faut ouvrir l'ongle.

Si vous devez attendre longtemps l'arrivée du docteur, n'hésitez pas, mettez votre doigt dans la glace jusqu'à ce que la douleur cesse et recommencez aussi souvent qu'il le faudra ; cela vous évitera de souffrir.

Dr P. FOURNIER

OFFRES

- Dans les offres suivantes repère le plus vite possible le verbe utilisé : offre, recherche, engage, etc.

- Résume chaque offre dans tes mots.

France soir 3.X.80

VOYAGES

- De quels pays parle-t-on ? Quelles villes sont mentionnées ?
- Repère les dates
- Repère les prix
- Repère la durée proposée

TUNISIE
à partir de
358 F

Jusqu'à 710 F aller/retour en couchette cabine seconde classe, au
départ de Naples, Cagliari, Trapani,
Palerme. Transport de voitures à
partir de 534 F aller/retour.

SARDAIGNE
à partir de
150 F

Jusqu'à 350 F aller/retour en couchette seconde classe au départ
de Gênes, C. Vecchia, Naples, Palerme. Transport de voitures à partir
de 348 F aller/retour.
Remise exceptionnelle sous forme
de remboursement de 20000 lires
du 10 septembre au 31 décembre.

SICILE
à partir de
232 F

Jusqu'à 296 F aller/retour en couchette cabine seconde classe, au
départ de Naples, R. Calabre, Cagliari. Transport voitures à partir de
404 F aller/retour et réduction de
50 % de septembre à fin décembre.

MALTE
à partir de
248 F

Jusqu'à 368 F aller/retour, sans
couchette au départ de Naples,
R. Calabre, Catane, Syracuse.
Transport de voitures à partir
de 340 F aller/retour.

LE TÉLÉPHONE

Parcours la liste suivante : coche les Dupont A et les Dupont F boucher (il y a un peu de désordre dans la liste !).

DUPONT A : instituteur
DUPONT A : fleuriste
DUPOND A : boucher
DUPOND C : charcutier
DUPONT A : boucher
DUPONT F : boucher
DUPAT G : architecte
DUPOT A : boucher
DUPOND S : béton
DUPONT D : plombier
DUPONT et DUPONT A : boucherie
DUPONT E : photographe

Retrouve dans la liste tous les plombiers.

désiré : charcutier
david : pâtissier
doris : plombier
dolorès : cinéaste
davidson : plombier
fernandez : plombier
cortin : dentiste
dupont : couvreur
rené : plombier
françois : plombier
gardien : pharmacien
van den bos : plombier
cortous : boulanger
ratez : cordonnier

LES RECETTES

- Lis le plus rapidement possible les recettes.
- Pour chacune d'elles relève les ingrédients nécessaires
  les ustensiles utilisés
  les différents verbes à l'impératif
  les différentes actions à exécuter.

Mettez de l'eau dans une casserole et faites-la chauffer jusqu'à ce qu'elle bouille.

Prenez un œuf dont vous aurez percé le bout avec une aiguille, déposez-le doucement dans la casserole d'eau bouillante. Laissez cuire l'œuf pendant trois minutes et demie.

Après ces trois minutes et demie, retirez-le immédiatement de la casserole et déposez-le dans un coquetier.

Décapitez la partie supérieure avec un couteau.

Salez et poivrez selon votre goût.

Mangez ce délicieux œuf à la coque.

Hamburgers aux cacahuètes

25 MINUTES

Pour 6 personnes :	2 boîtes de 140 g
1 kg de bifteck haché	de concentré de tomate
2 oignons, 2 gousses d'ail	1 piment, sel
2 cuillerées à café de moutarde	1 oignon
1 œuf, huile	2 gousses d'ail
1 cuillerée à soupe de persil	1cuil. à café
	rase de sucre en poudre
350 g de cacahuètes salées	1 cuil. à café d'origan
sel, poivre	3 branches de thym
Pour la sauce :	Préparation : 10 mn
vin blanc, Tabasco	Cuisson : 15 à 20 mn

Commencez par préparer la sauce : versez le concentré de tomate dans une casserole. Remplissez les deux boîtes vides de vin blanc et versez-le dans la casserole. Ajoutez le piment hâché, l'oignon émincé, le sucre, l'origan, l'ail pilé, le thym. Salez. Laissez mijoter à feu doux le temps de préparer les hamburgers. Dans une grande terrine, mélangez à la fourchette la viande, les oignons finement hâchés, l'ail pilé, le sel, le poivre fraîchement moulu, la moutarde, l'œuf battu et le persil hâché. Travaillez jusqu'à obtention d'un mélange parfait. Divisez l'ensemble en six parts, donnez leur une forme ronde et aplatie. Écrasez grossièrement les cacahuètes au mixer. Roulez chaque hamburger dans ce hachis, appuyez avec les doigts pour bien faire adhérer. Dans une grande poêle, mettez un peu d'huile à chauffer et faites frire doucement les hamburgers 8 mn de chaque côté. Dressez-les sur le plat de service chaud. Passez la sauce au chinois, goûtez, rectifiez l'assaisonnement, ajoutez quelques gouttes de Tabasco. Sezvez la sauce en saucière.

Notre conseil : la saveur des cacahuètes atténue le feu de la sauce qui doit être très relevée. Le temps de cuisson de la viande peut être prolongé si vous préférez une viande plus cuite. Dans ce cas, veillez à baisser le feu.

Râble de lièvre à la Piron

BOURGOGNE

Pour 6 personnes :	25 g de beurre, 25 g de farine
1 beau râble de lièvre	1 cuil. à soupe de vinaigre de vin
1 dl de marc de Bourgogne	sel, poivre
5 cl de vin blanc sec	1/2 boîte de raisins en grain au naturel
4 cuil. à soupe de crème fraîche	Préparation : 10 mn + marinade 12 h
3 cuil. à soupe d'huile d'olive	Cuisson : 30 mn

Frottez le râble de sel et de poivre. Déposez-le dans une terrine, arrosez-le avec le vin blanc, 1 cuillerée à soupe d'huile d'olive et le vinaigre. Laissez mariner pendant 12 h en retournant le râble le plus souvent possible. Au moment de la préparation, égouttez-le, essuyez-le avec du papier absorbant. Posez le râble dans un plat allant au four et contenant le reste de l'huile. Faites cuire à four très chaud 260° (8 au thermostat) pendant 20 mn. Arrosez fréquemment. Sortez le râble du plat et gardez-le au chaud dans le four éteint le temps de préparer la sauce. Videz la graisse de cuisson et déglacez le fond du plat avec 1 dl du jus des raisins, le marc et la marinade, grattez bien tous les sucs de cuisson avec le dos d'une fourchette. Faites bouillir et réduire de moitié. Hors du feu ajoutez la crème, remuez bien, faites réduire à nouveau de moitié. Pendant ce temps, préparez un beurre manié : travaillez à la fourchette le beurre et la farine. Ajoutez-le par fractions dans la sauce en fouettant rapidement jusqu'à ce qu'elle devienne onctueuse. Ajoutez les raisins bien égouttés, laissez chauffer quelques instants, salez et poivrez. Présentez le râble sur le plat de service nappé de sa sauce.

Notre conseil : vous pouvez utiliser du raisin frais, mais la préparation est plus longue car il faut éplucher les grains.

Gratin d'artichauts

LORAND-BARRE, LES PONTS-NEUFS (CÔTES-DU-NORD)

Pour 6 personnes :	45 g de farine
6 artichauts	3/4 de litre de lait
6 tranches très fines	sel, poivre, muscade
de jambon d'York	1 petit bouquet garni
150 g de gruyère râpé	1 oignon
vinaigre, sel, poivre	1 clou de girofle
Pour la béchamel :	Préparation : 20 mn
40 g de beurre	Cuisson : 1 h10

Cassez la queue des artichauts et ôtez les premières feuilles. Faites-les tremper 10 mn dans une grande bassine contenant de l'eau vinaigrée. Rincez-les à grande eau sous le robinet. Plongez-les dans une grande marmite d'eau bouillante salée, laissez-les cuire 25 mn. Pendant ce temps, préparez la sauce : faites un roux avec la farine et le beurre. Dès qu'il blondit, versez tout le lait d'un seul coup, remuez jusqu'à ébullition. Baissez le feu. Ajoutez l'oignon coupé en deux piqué du clou de girofle, le bouquet garni, sel, poivre et un peu de muscade. Laissez mijoter 25 mn en remuant souvent. Passez à la passoire fine. Égouttez les artichauts, ôtez les feuilles (vous les servirez à un autre repas) et le foin.

Enveloppez chaque fond d'artichaut dans une tranche de jambon.

Placez-les dans un plat à gratin.

Arrosez de béchamel, saupoudrez de fromage râpé et faites gratiner 15 à 20 mn environ à four modéré 180° (5 au thermostat).

Le conseil du chef : Gaston Damour vous recommande un bordeau léger avec ce délicieux gratin.

Côtes de porc aux pruneaux

DANEMARK

Pour 6 personnes : 75 g de crème fraîche
6 côtes de porc dans le filet 1 petit pot de gelée de groseille
beurre, huile 6 dl de vin blanc sec
sel, poivre Préparation : 30 mn
400 g de pruneaux Cuisson : 15 mn

Dénoyautez les pruneaux et mettez-les à tremper 10 mn dans une casserole avec 4 dl de vin blanc, 2 bonnes pincées de sel et du poivre. Dans une poêle, dans moitié-beurre moitié-huile, faites dorer les côtes de porc. Égouttez-les, posez-les dans un plat allant au four et continuez la cuisson au four chauffé d'avance à 200° (6 au thermostat). Mettez les pruneaux sur le feu et amenez le vin à ébullition. Couvrez et laissez-les pocher doucement 10 mn. Jetez le gras de la poêle, remettez-la sur le feu et déglacez-la avec le reste du vin blanc en grattant avec une fourchette pour détacher les sucs de cuisson. Laissez réduire de moitié. Hors du feu, liez avec la crème fraîche. Salez, poivrez et parfumez avec 1 cuillerée à soupe de gelée de groseille. Dressez les côtes sur un plat, entourez-les des pruneaux égouttés et nappez de sauce.

Notre conseil : pour gagner du temps, faites dorer les côtes dans deux poêles en même temps.

Fondue exotique

(pour 4 personnes)

Ingrédients : 800 g de filet de porc ou de rôti de porc au jambon coupé en cubes de 2 cm de côté environ, 3 belles pommes rouges, 100 g de raisins secs, 80 g de beurre, 1 litre de vin blanc sec, 2 bâtons de cannelle, 1 cuiller à café de grains de coriandre, 1 pincée de sel d'ail, 1 pincée de piment en poudre, 2 clous de girofle, sel, poivre, 4 cuillers à soupe de rhum, $+-$ 6 dl de bouillon de viande, 250 g de riz.

Préparation : Dans un bol, disposez le rhum, la même quantité d'eau tiède et les raisins. Dans une casserole, disposez le vin, la coriandre, la cannelle, les clous de girofle. Laissez reposer raisins et vin pendant 1 heure. A ce moment, lavez les pommes, ne les pelez pas, débarrassez-les du cœur et coupez-les en lamelles. Égouttez les raisins. Conservez leur jus de macération. Dans une cocotte, faites fondre 50 g de beurre et faites revenir 3 à 4 minutes à feu moyen et en remuant les pommes et les raisins. Ajoutez le riz, mélangez, cuisez 1 à 2 minutes en remuant puis ajoutez le liquide de macération des raisins additionné de la quantité de bouillon nécessaire pour obtenir 7 dl de liquide. Mélangez, portez à ébullition, vérifiez l'assaisonnement, couvrez et cuisez 15 minutes environ à feu doux jusqu'à ce que le riz soit prêt et le liquide absorbé. Faites chauffer le vin additionné de sel et de sel d'ail. Dès qu'il est chaud, versez-le dans le caquelon à fondue et présentez à table avec la viande et le riz additionné au dernier moment du reste du beurre puis dressé en assiettes individuelles.

Artichauts farcis

(pour 4 personnes)

Ingrédients : 4 artichauts aussi frais que possible, sel, poivre, muscade, 1 belle échalote (+− 40 g) finement coupée, 1 oignon (+− 60 g) finement coupé, 300 g de champignons lavés, passés au jus de citron et coupés en lamelles, 400 g de tomates pelées, épépinées et coupées en petits morceaux, 2 cuillers à soupe d'huile, 1/2 éclat d'ail finement hâché, 1,5 cuiller à soupe de persil hâché, 2 tranches de jambon cuit (125 g), débarrassées de toute graisse et détaillées en lamelles, 2 dl de bouillon de viande, 200 g de fines tranches de lard fumé, 100 g de beurre, 8 feuilles d'aluminium.

Préparation : Retirez la queue des artichauts. Retirez les feuilles moins belles du pourtour et les parties dures du bas. Coupez l'extrémité supérieure des artichauts en les raccourcissant ainsi de 1/3 environ. Lavez les artichauts puis plongez-les dans une casserole d'eau bouillante salée. Portez à ébullition à feu vif puis poursuivez la cuisson 10 minutes à feu moyen sans couvrir. Égouttez les artichauts en les retournant.

Dans une poêle à bord haut, faites chauffer l'huile et 20 g de beurre. Faites doucement revenir l'oignon et l'échalote 2 à 3 minutes en remuant et sans laisser colorer. Ajoutez les champignons et cuisez 4 à 5 minutes à feu moyen en remuant jusqu'à ce que les champignons soient cuits. Ajoutez les tomates, cuisez encore 1 à 2 minutes à feu moyen. Salez, poivrez, retirez du feu. Au centre des artichauts, retirez les feuilles violettes qui cachent le foin. En vous aidant d'une cuiller, enlevez le foin par petites plaques et sans en laisser. Ajoutez le jambon, l'ail et le persil à la farce. Disposez les feuilles d'aluminium deux par deux et en croix. Beurrez largement les feuilles supérieures, remontez-les légèrement.

Tapissez-les de fines tranches de lard débarrassées de leur couenne. Au centre, placez les artichauts que vous aurez remplis de la farce. Orientez les tranches de lard pour que le dessous et le pourtour des artichauts soient protégés. Au centre de chaque artichaut, placez une noisette de beurre, nappez ensuite chaque artichaut de 3 cuillers à soupe de bouillon. Fermez hermétiquement, placez les papillotes sur la plaque du four, tapissez celle-ci d'un fond d'eau froide. Cuisez 1 heure à four modéré (thermostat 5 pour un thermostat allant de 1 à 10). Veillez à ce que la plaque soit toujours couverte d'un fond d'eau.

Coquilles saint-Jacques
aux petits légumes

(Pour 4 personnes)

Ingrédients : 12 coquilles Saint-Jacques, 200 g de carottes moyennes, 4 blancs de poireaux, 4 branches de céleri vert, 1/2 botte de petits oignons, sel, poivre, 1 citron, 60 g de petits pois surgelés, 80 g de beurre, 8 cuillers à soupe de crème fraîche, 8 feuilles d'aluminium.

Préparation : Pelez les carottes. Coupez-les en fines rondelles. Lavez les poireaux. Coupez-les en fines rondelles. Retirez les feuilles et les fils du céleri. Coupez-le finement. Nettoyez les oignons. Gardez-les entiers. Plongez tous ces légumes ainsi que les pois dans une casserole d'eau bouillante salée, portez à nouveau à ébullition puis cuisez 5 minutes à feu moyen sans couvrir. Égouttez-les. Lavez les coquilles, essuyez-les, relevez-les de sel et de poivre des deux côtés. Arrosez-les de jus de citron des deux côtés également. Disposez les feuilles d'aluminium deux par deux et en croix. Beurrez les feuilles supérieures. Répartissez les légumes dans les papillotes. Surmontez des coquilles. Parsemez du reste du beurre. Nappez de la crème. Fermez hermétiquement et cuisez 20 minutes à four modéré (thermostat 5 pour un thermostat allant de 1 à 10) (temps de cuisson pour des coquilles de plus ou moins 40 g pièce).

Faisan farci aux noix
et aux raisins

(Pour 4 personnes)

Ingrédients : 1 beau faisan mâle de 1 kg environ bardé d'une feuille de vigne et d'une barde de lard gras — sel, poivre — 250 g de chair à saucisse, 50 g de noix sèches, 40 g de raisins secs, 2 cuillers à soupe de cognac, 4 cuillers à soupe de porto, 4 cuillers à soupe de crème, 60 g de beurre, 2 grandes feuilles d'aluminium.

Préparation : Laissez macérer les raisins secs 1 heure dans le cognac. Écrasez les noix grossièrement. Mélangez la chair à saucisse, les noix, les raisins et leur cognac de macération. Salez et poivrez l'intérieur du faisan. Farcissez-le de la farce en pressant bien. Cousez l'ouverture. Disposez les feuilles d'aluminium en croix. Beurrez largement la feuille supérieure. Au centre, placez le faisan, salez-le, poivrez-le, tartinez-le de 30 g de beurre. Relevez le papier d'aluminium de part et d'autre du faisan mais ne fermez pas complètement. Cuisez à four chaud (thermostat 8 pour un thermostat allant de 1 à 10) jusqu'à ce que le faisan soit bien doré et en arrosant de temps à autre. Dès que le faisan est doré (après 10 à 15 minutes environ), arrosez-le de 2 cuillers à soupe de porto, ajoutez le reste du beurre, fermez hermétiquement et cuisez encore 30 minutes environ à four moyen (thermostat 6 pour un thermostat allant de 1 à 10) jusqu'à ce que faisan et farce soient cuits. Dressez le faisan sur un plat de service. Dans un poêlon, recueillez le jus contenu dans la papillote, ajoutez 2 cuillers à soupe d'eau froide et le reste du porto. Portez à ébullition puis en fouettant, ajoutez la crème, donnez un bouillon, cuisez 2 à 3 minutes à feu doux et servez avec le faisan.

Pintadeau aux poires

(Pour 2 personnes)

Ingrédients : 1 pintadeau bardé d'une feuille de vigne et d'une barde de lard gras, sel, poivre, 50 g de beurre, 2 poires mûres, le jus d'un demi-citron, 2 cuillers à soupe d'alcool de fruit (prune, poire, calvados), 4 cuillers à soupe de crème, 2 grandes feuilles d'aluminium.

Préparation : Disposez les feuilles d'aluminium en croix. Beurrez la feuille supérieure. Au centre, placez le pintadeau. Salez-le, poivrez-le, tartinez-le de beurre. Coupez les poires en deux. Retirez le cœur, pelez-les, passez-les au jus de citron. Disposez-les contre le pintadeau. Arrosez de l'alcool choisi, parsemez les poires du reste du beurre. Fermez hermétiquement en papillote et cuisez 30 à 40 minutes selon le poids du pintadeau à four moyen (thermostat 6 pour un thermostat allant de 1 à 10). Dressez le pintadeau sur le plat de service. Tenez au chaud. Versez sa sauce dans un poêlon, ajoutez 2 cuillers à soupe d'eau froide, mélangez puis ajoutez la crème, donnez un bouillon puis cuisez 2 à 3 minutes à feu doux. Servez avec le pintadeau.

Civet de lièvre et riz
aux épinards

La grande quantité d'oignons et les champignons utilisés pour ce civet lui donne une saveur fraîche et légère. L'accompagnement de riz aux épinards est léger lui aussi. (8 personnes).

Deux kilos de civet de lièvre ; 1 belle carotte pelée et conservée entière ; 1 poireau nettoyé et conservé entier ; 3 branches de céleri vert ; 2 feuilles de laurier ; 3 branches de thym ; +− 1,2 litre de bon vin rouge ; 15 grains de poivre ; sel, poivre ; 1 trait de vinaigre ; 400 g de champignons coupés en lamelles et arrosés de jus de citrons ; 6 beaux oignons (+− 100 g chacun) ; 3 cuillers à soupe de concentré de viande ; 4 cuillers à soupe de cognac ; 3 cuillers à soupe de gelée de groseille ; +− 200 g de beurre ; 4 cuillers à soupe de farine ; 400 g de lard salé aussi maigre que possible et coupé en tranches épaisses ; 1 kg d'épinards en branches ; 500 g de riz «long grain» américain.

Coupez ou faites couper les pattes arrière en trois, les pattes avant en deux, le reste en morceaux plus ou moins identiques à ceux-ci. Disposez-les la veille dans un plat de faïence ou de terre. Ajoutez la carotte, le poireau, le céleri, le thym, le laurier, les grains de poivre, un peu de sel puis couvrez de vin rouge (le civet doit être complètement couvert), ajoutez le vinaigre et laissez mariner jusqu'au lendemain en retournant et en arrosant de temps à autre. Le lendemain, égouttez le civet. Débarrassez les tranches de lard de la couenne et du gras et coupez-les en cubes. Pelez 5 oignons et coupez-les en rondelles. Faites fondre 75 g de beurre dans une cocotte et faites revenir le lard, les champignons et les rondelles d'oignons 7 à 8 minutes à feu doux en remuant la préparation. Si nécessaire, ajoutez un peu de beurre en cours de cuisson.

Épongez les morceaux de lièvre. Salez-les, poivrez-les et faites-les colorer de tous côtés à feu vif dans 75 g de beurre. Ajoutez-les au fur et à mesure qu'ils sont prêts aux légumes dans la cocotte. Saupoudrez de la farine, mélangez puis cuisez 5 minutes à feu doux en remuant de temps à autre. Faites chauffer le cognac, nappez-en les morceaux de lièvre et faites flamber. Filtrez la marinade et ajoutez-la à la préparation. Ajoutez éventuellement le vin rouge nécessaire pour que le civet soit complètement couvert. Portez à ébullition, vérifiez l'assaisonnement, couvrez et cuisez 45 minutes à 1 heure à feu doux jusqu'à ce que le civet soit tendre mais encore bien attaché aux os. Ajoutez le concentré de viande et liez la sauce soit avec un peu de sang de lièvre si vous en avez ($+-$ 1 dl auquel vous ajoutez petit à petit et en battant vivement 5 à 6 cuillers à soupe de liquide de cuisson chaud, versez ensuite dans le civet et secouez la cocotte pour mélanger — si on ajoute trop de liquide chaud à la fois, le sang caille et le mélange devient grumeleux) ou avec le foie que vous couperez en tranches et que vous saisirez rapidement à la poêle dans un peu de beurre. Pilez le foie, passez-le au tamis puis ajoutez-y un peu de liquide chaud et procédez comme pour le sang. Si vous faites la liaison avec le sang, ajoutez de toute manière le foie saisi et coupé en tranches mais non pilé. Poursuivez la cuisson 10 minutes à couvert et à feu doux. Ajoutez la gelée de groseilles selon le goût et cuisez encore 2 à 3 minutes à feu doux. Servez avec le riz aux épinards préparé comme suit : hachez l'oignon restant. Faites-le revenir dans 50 g de beurre dans une cocotte 4 à 5 minutes à feu moyen jusqu'a ce qu'il soit blond. Ajoutez le riz, mélangez, donnez quelques secondes de cuisson puis ajoutez 1 litre d'eau ou de bouillon chaud, un peu de sel et de poivre. Mélangez, portez à ébullition, couvrez et cuisez 5 minutes à feu doux. Ajoutez alors les épinards que vous aurez débarrassés de leurs queues, lavés et grossièrement hachés. Mélangez, portez à nouveau à ébullition, couvrez et poursuivez la cuisson 10 minutes environ à feu doux jusqu'à ce que le riz soit prêt et le liquide absorbé.

Préparé à l'avance, le civet est encore plus parfumé. Si vous le faites le matin pour le servir le soir, cuisez-le 45 minutes à 1 heure puis laissez-le refroidir complètement. Ceci vous permettra de le dégraisser et de le rendre plus léger encore. Le soir, réchauffez-le à feu doux, ajoutez le concentré de viande, faites la liaison et au dernier moment, ajoutez la gelée de groseille.

Tarte aux oignons

Ingrédients (pour 6 personnes) : 250 g de farine ; 200 g de beurre ; 3 à 4 œufs ; 1 kg d'oignons ; 1 verre de lait ; sel ; poivre ; 1 dl de crème double.

Préparation : préparer une pâte brisée : mettre la farine en tas, y creuser un puits. Au centre placer 125 g de beurre, 1 œuf, un peu de sel. Mélanger tous ces ingrédients du bout des doigts, d'abord au centre du puits, ensuite y ajouter la farine et 2 à 3 cuillerées d'eau par petites quantités de façon à obtenir une pâte bien lisse : former une boule et laisser reposer pendant 2 heures. Disposer la pâte dans une forme à tarte et garnir par exemple de pois secs, enfourner et cuire durant 15 minutes. Enlever les pois secs. Émincer les oignons et les laisser « fondre » dans 75 g de beurre. Dès qu'il sont dorés y ajouter 2 ou 3 œufs, poivre et sel, le lait et la crème double et verser cette préparation sur la tarte. Cuire à nouveau à four chaud pendant 10 à 15 minutes.

LES ÉDITEURS

- Repère un éditeur en piquant un numéro sur la carte ci-après.
- Reporte-toi aux catalogues suivants et précise la spécialité de chaque éditeur en résumant ce qui en est dit.

- Ensuite réponds le plus vite possible en consultant les catalogues :

Que sais-tu de l'École des loisirs, Denoël, Hatier, Garnier, Terre Humaine, Nature et Bretagne... ?

DEMANDE DE CATALOGUES GRATUITE

Je désire recevoir gratuitement sans aucun engagement de ma part les documentations correspondant aux éditeurs cochés ci-dessous.

1 ☐ AMPHORA	17 ☐ DARGAUD	31 ☐ GALLIMARD	48 ☐ NATHAN
2 ☐ BALLAND	18 ☐ DELAGRAVE	32 ☐ GARNIER	49 ☐ NATURE ET
3 ☐ B. DIFFUSION	19 ☐ DELARGE	33 ☐ GAUTIER	BRETAGNE
4 ☐ BEAUCHESNE	20 ☐ DENOEL	LANGUEREAU	50 ☐ PAUVERT
5 ☐ BELFOND	21 ☐ LA DOCUMENTATION	34 ☐ LIBRAIRIE GRUND	51 ☐ PAYOT
6 ☐ BERGER-LEVRAULT	FRANÇAISE	35 ☐ HACHETTE	52 ☐ PRIVAT
7 ☐ BERG INTERNATIONAL	22 ☐ L'ECOLE DES	36 ☐ HATIER	53 ☐ PYGMALION
8 ☐ BORDAS	LOISIRS	37 ☐ HIER ET DEMAIN	54 ☐ QUILLET
9 ☐ CALMAN-LEVY	23 ☐ EDITIONS	38 ☐ KLINCKSIECK	55 ☐ LE ROBERT
10 ☐ CASTERMAN	SOCIALES	39 ☐ LAFFITTE	56 ☐ ROBLOT
11 ☐ LE CHENE	24 ☐ EIBEL	40 ☐ LAFFONT	57 ☐ LE SEUIL
12 ☐ CLUB DE	25 ☐ ELSEVIER	41 ☐ LAROUSSE	58 ☐ STANKE
L'HONNETE HOMME	26 ☐ L'ETINCELLE	42 ☐ LAVAUZELLE	59 ☐ STOCK
13 ☐ EDITIONS DU C.N.R.S.	27 ☐ EUREDIF	43 ☐ LE LIVRE DE PARIS	60 ☐ TERRE HUMAINE
14 ☐ LA COURTILLE	28 ☐ EDITIONS	44 ☐ LE PRAT	61 ☐ TREVISE
15 ☐ CREPIN LEBLOND	DES FEMMES	45 ☐ LIBRAIRIE "L"	62 ☐ VEYRIER
16 ☐ CULTURE	29 ☐ FLAMMARION	46 ☐ MAGNARD	63 ☐ VILO
ARTS - LOISIRS	30 ☐ FRANCE EMPIRE	47 ☐ LE MOURRE	64 ☐ WEBER

M.☐ Mme☐ Mlle☐ Nom ⎸⎹⎸⎹⎸⎹⎸⎹⎸⎹⎸⎹⎸⎹⎸⎹⎸⎹⎸⎹⎸⎹⎸⎹⎸⎹⎸⎹⎸⎹

Adresse complète personnelle☐ professionnelle☐

⎸⎹⎸⎹⎸⎹⎸⎹⎸⎹⎸⎹⎸⎹⎸⎹⎸⎹⎸⎹⎸⎹⎸⎹⎸⎹⎸⎹⎸⎹⎸⎹

Code postal ⎸⎹⎸⎹⎸⎹ Ville ⎸⎹⎸⎹⎸⎹⎸⎹⎸⎹⎸⎹⎸⎹⎸⎹⎸⎹⎸⎹⎸⎹⎸⎹⎸⎹⎸⎹

Pays ⎸⎹⎸⎹⎸⎹⎸⎹⎸⎹⎸⎹⎸⎹⎸⎹⎸⎹⎸⎹⎸⎹⎸⎹⎸⎹⎸⎹⎸⎹⎸⎹⎸⎹

90

MASSIN

Tous les ouvrages sur le mobilier de style ou régional. Et mille idées de décoration pour aménager son intérieur.

91

MONTALBA

"En confiant à **Raymond Dumay**, la tâche de diriger cette collection, les Éditions Montalba se sont montrées aussi inspirées que le caviste, que son instinct aurait mené droit, dans la pénombre de la cave, vers l'excellente bouteille." (Le Monde).

Dans la même collection : **Bordeaux, Champagne, Rhône-Méditerranée, Alsace, Loire.**

92

MONTALBA

Comment depuis 15 siècles les Juifs ont vécu en France, comment les autres Français les ont perçus : un éclairage nouveau sur l'évolution des esprits. 320 pages (24 x 30 cm) jalonnées de plus de 300 illustrations noir et couleurs.

93

EDITIONS FERNAND NATHAN

L'art visionnaire - Le Bolchoï - Rome - Eternelle Egypte - Châteaux et forteresses... Des nouveautés de grande qualité, livres d'art, beaux livres documentaires : le plus large choix de cadeaux prestigieux. En vente chez votre libraire et dans les grands magasins.

94

MICHEL DE L'ORMERAIE

Des livres d'autrefois illustrés et reliés, réédités dans la forme artistique de leur époque. Une bibliothèque exceptionnelle pour les bibliophiles de tous âges dont le catalogue illustré est gratuit.

95

LIBRAIRIE ARISTIDE QUILLET

QUILLET, connu dans le monde entier comme étant la "Maison des encyclopédies". Son but : offrir au grand public, dans tous les domaines, des ouvrages qui puissent répondre aux exigences de l'homme moderne aspirant à améliorer ses connaissances.

pour obtenir les catalogues voir encart pages 35-36

211

78

DENOEL

Pour concevoir, entretenir, aménager **terrasses et jardins**. Un ouvrage complet et indispensable de conception entièrement nouvelle pour une pratique aisée du jardinage. **130 planches couleurs illustrées. Plus de 1.600 dessins.**

79

ELSEVIER

Des nouveautés passionnantes dans tous les domaines. Événements qui font l'histoire, conflits du XXe siècle, civilisations, arts et techniques, nature et loisirs. Plus de 100 titres avec illustrations en couleurs.

80

L'EQUERRE EDITEUR

Un nouvel éditeur : "L'EQUERRE".
1979 : huit nouveautés...
1980 : vingt nouveautés en distribution exclusive des 150 titres les plus importants parus aux Etats-Unis, en Grande-Bretagne et en Italie). (Diffusion Garnier).

81

ÉDITIONS DU FANAL

Les éditions du FANAL proposent un nouveau catalogue d'ouvrages documentaires abondamment illustrés, et traitant des sujets les plus passionnants : photographie, gastronomie, voyages, animaux, loisirs.

82

GUTENBERG "REPRINTS"

"GUTENBERG-REPRINTS" : des ouvrages rarissimes, du XVIe au XIXe siècle – alchimie, sciences occultes, franc-maçonnerie, techniques des beaux-arts – reproduits en fac-similés d'après les meilleures **éditions** d'époque.

83

L'HÉRÉSIARQUE

Curiosa.
De somptueux ouvrages, hors-commerce, illustrés par les plus grands noms du dessin.
Une lettre mensuelle, consacrée à l'ensemble de la production érotique.
Adultes seulement.

pour obtenir les catalogues voir encart pages 35-36

212

42

LA REVUE DU CINÉMA

Chaque mois : toute l'actualité cinématographique, les critiques des films, un dossier sur un auteur, un genre ou un cinéma national. Chaque année : la saison cinématographique, tous les films sortis en un an.

43

LE ROBERT

Pour les étrennes, les dictionnaires Le Robert : **Petit Robert 1, Petit Robert 2, Micro Robert, Bilingue le Robert et Collins, Les Usuels du Robert, Grand Robert, Dictionnaire Universel des Noms Propres, Dictionnaire Universel** d'A. Furetière, **Dictionnaire Universel de la Peinture.**

44

ÉDITIONS ROBLOT

Le grand prix de la critique 1979? C'est René POMMIER avec **Assez décodé!** L'affaire KRAVCHENKO? C'est Claude MORGAN avec **Les Don Quichotte et les autres...** A suivre...

45

RUSTICA

Des livres pour vivre en vert, jardinage (fleurs, légumes, fruits) – bricolage – cuisine – maison – petits élevages – plantes médicinales – champignons – quatre collections : le prolongement indispensable de "RUSTICA Hebdo".

46

SEGHERS

"Manuscrits enluminés." Un choix unique d'albums entièrement illustrés en couleurs, à prix très intéressants : **Le Livre de la Chasse,** par G. Phoebus; **Tristan et Iseut; La Divine Comédie; Les Très Riches Heures du duc de Berry; Le Decameron,** etc.

47

EDITIONS DU SEUIL

Au Seuil: un choix de plus de soixante titres, six grandes nouveautés. En vedette : **Chefs-d'œuvre de l'art primitif:** la collection Rockefeller. Préface d'André Malraux. 254 photographies en couleurs - relié.

pour obtenir les catalogues voir encart pages 35-36

213

18

FEDEROP

L'Encyclopédie du Blues par Gérard HERZHALT, professeur à l'Ecole Nationale des Bibliothécaires, est le fruit de nombreuses années de travail et de recherches passionnées. Elle est le guide indispensable des amateurs de blues et de jazz.

19

ARTHAUD ARTS ET MÉTIERS GRAPHIQUES FLAMMARION SKIRA.

Ce supplément de "l'actualité littéraire" présente **tout en couleurs** toutes les **nouveautés** publiées par ces éditeurs dans le domaine des livres d'art, beaux ouvrages et albums pour enfants.

20

21

GALLIMARD

"Univers des Formes" : nouveauté : **L'empire des conquérants.** "Bibliothèque de la Pléiade" : nouveauté : **Contes et Nouvelles** T. II (Maupassant). Livres d'art : **Exercices de style** (R. Queneau. - Illustré par J.Carelman).

22

EDITIONS GARNIER

Actualité, énigme, tourisme, beaux livres, facsimilés, régionalisme, jeunesse et grands classiques de la littérature, sous diverses présentations, composant le catalogue "Etrennes" des Editions GARNIER.

23

ÉDITIONS JACQUES GLÉNAT

De la réédition des grands classiques à la bande dessinée moderne pour enfants ou pour adultes, **Glénat** publie un éventail complet dans le genre (Bretécher, Lauzier, Mouminoux, Pichard, Pratt, Quino, Serre, Topor, etc., figurent parmi plus de 100 auteurs différents). Spécialiste de la vente par correspondance.

pour obtenir les catalogues voir encart pages 35-36

214

pour obtenir les catalogues voir encart pages 35-36

215

107

TECHNIQUE ET VULGARISATION

Outre les livres d'enseignement et tout ce qui touche aux problèmes de l'enseignement, les Éditions TECHNIQUE & VULGARISATION publient des ouvrages de vulgarisation **scientifique** et **technologique** qui s'adressent aux passionnés d'AUTOMOBILE, d'ÉLECTRONIQUE, d'ASTRONOMIE, de MODÉLISME...

LIVRES POUR ENFANTS

108

CASTERMAN

Des livres d'images, des albums de contes, des livres-disques, des encyclopédies, des bandes dessinées... en tout des dizaines d'idées-cadeaux pour faire plaisir aux petits et aux grands enfants.

109

CASTORS JUNIORS MAGAZINE

Aide les enfants à comprendre le monde dans lequel ils vivent en tenant compte de leurs centres d'intérêt : la nature, les animaux, les découvertes.

110

CENTURION JEUNESSE

Centurion Jeunesse, des livres sur carton fort pour les tout-petits avant l'âge de la lecture, des chansons et des comptines, des livres de découvertes et d'observation pour les plus grands. Et aussi, des dossiers, des ouvrages d'introduction à la nature, des encyclopédies pas comme les autres, des contes et des jeux.

111

L'ECOLE DES LOISIRS

Parce que les ENFANTS ont - eux aussi - leur mot à dire, consultez en famille le catalogue analytique de L'ECOLE DES LOISIRS, dont le rôle dans le renouveau de l'édition de livres pour enfants est essentiel.

pour obtenir les catalogues voir encart pages 35-36

30

LAROUSSE

Des grands ouvrages aux formats de poche, plus de 200 titres : les dictionnaires, les encyclopédies, et tout ce qui intéresse la vie pratique, la nature, les animaux, loisirs, art, tourisme, histoire et actualité, et les livres d'enfants.

31

EDITIONS JEAN-CLAUDE LATTÈS

Au catalogue des Editions Jean-Claude LATTÈS, plus de trois cents titres (romans, essais, documents...), parmi lesquels les plus belles réussites littéraires de ces six dernières années : Patrick Cauvin, Maurice Denuzière, Joseph Joffo, Claude Klotz, Xaviera Hollander, etc.

32

(FILMEDITIONS) LHERMINIER

Pierre Lherminier, éditeur spécialisé, publie des livres qui ont pour objet de faire mieux connaître le cinéma, ou tout simplement de permettre au spectateur d'y trouver un plaisir plus complet. Et d'en garder la mémoire.

33

LIBRAIRIES L

Dans leur catalogue de fin d'année, 50 librairies "L" de France sélectionnent 75 livres en mentionnant **leur prix de vente "L"**. La **carte d'achat** "L" vous permet d'économiser le douzième de vos achats; les **chèques** "L" donnent à vos parents ou amis la possibilité de choisir eux-mêmes les livres que vous leur offrez.

34

M.A.D.

Une toute nouvelle Maison, "La Maison des Best-Sellers" : uniquement des livres de qualité, littérature et histoire.

35

MAISONNEUVE S.A.

MAISONNEUVE S.A. (METZ) publie des ouvrages sur l'auriculothérapie, l'acupuncture, la médecine manuelle, l'homéopathie, et les sciences tibétaines. En vente librairies médicales ou spécialisées **(1000 points de vente en France)**.

pour obtenir les catalogues voir encart pages 35-36

LE CONTEUR

Tu es un grand frère ou une grande sœur, tu racontes une histoire à un enfant. Lis le texte suivant comme si tu racontais.

Le parfum des fleurs.

(Contes pour les amis de Stéphanie — Ph. Coderch — Prod. Ariane Segal- distrib. CBS disques) (48).

Il y a quelques années, disait un très vieux grillon poivre et sel à son ami le papillon jaune, j'avais une excellente amie : une violette toute menue, adorable.

Et c'est durant ces longues années vécues ensemble que j'ai appris d'innombrables histoires sur la vie des fleurs et en particulier celle des parfums.

Malheureusement, un soir d'hiver, par grand froid, mon amie la violette s'est éteinte sans bruit. Le lendemain, je l'ai retrouvée toute flétrie. Mais, en cadeau, elle m'offrait sur un de ses pétales déposé devant ma porte trois gouttes de son merveilleux parfum.

Comme tu le sais, racontait le vieux grillon à son ami le papillon, les fleurs ont une santé très fragile et le rhume est leur maladie coutumière.

C'est au cours d'un de ces rhumes qu'un jour, en éternuant, une fleur découvrit que son éternuement sentait bon. Elle fut très étonnée, et, volontairement, recommença ; l'odeur était toujour là.

Heureuse de sa découverte, la fleur décida donc d'éternuer chaque fois que quelqu'un passerait à côté d'elle. Des jours, des mois, des années passèrent sans qu'un seul animal, oiseau ou être humain ne s'arrêtent.

La tristesse de la pauvre fleur empirait et son courage s'amenuisait, lorsqu'un matin, un petit garçon s'approcha d'elle. Retenant le plus longtemps possible son souffle, la fleur attendit que le petit garçon fût suffisamment près d'elle pour éternuer de toutes ses forces. Le petit garçon, enthousiasmé, revint tous les jours revoir sa nouvelle amie qui sentait si bon.

Par la suite, les autres fleurs, jalouses, apprirent elles aussi à éternuer, et c'est ainsi que, depuis, les fleurs nous offrent si gentiment leurs parfums.

Mais comme elles sont fragiles et délicates, leurs éternuements sont faibles, et pour bien le sentir, nous devons nous pencher vers elles. Mais il se fait tard, et je te raconterai de nouvelles histoires une autre fois !...

Et voici une autre histoire :

Jérôme, le nuage blanc (48)

Dans un pays très lointain, entouré de hautes montagnes, naissait un matin de printemps un bébé nuage tout blanc. Aussitôt, le papa et la maman nuage baptisèrent leur enfant «Jérôme» en souvenir d'un grand-père qui avait beaucoup voyagé.

Jérôme grandissait très vite et bientôt son papa le laissa jouer avec son cousin le vent «Alizé», mais en lui faisant promettre de ne pas dépasser les montagnes.

— «Fais attention, disait-il à Jérôme, elles sont pointues et de l'autre côté il y a un vent méchant. Tu pourrais t'écorcher et avoir mal!»

Mais si Jérôme écoutait et promettait beaucoup, il oubliait bien vite les recommandations qui lui avaient été faites. Jérôme et son cousin Alizé partirent jouer en riant. Ils parcoururent la campagne, ramassant quelques fleurs pour leurs mamans, sautèrent le petit pont de bois qui enjambe la rivière pleine de poissons très drôles. Puis les deux cousins s'amusèrent à faire de l'ombre sur les paysans qui moissonnaient dans les champs. Mais Jérôme pensait à la montagne... et décida d'y aller. Son cousin Alizé lui dit pourtant : «Mais Jérôme, ton papa te l'a défendu.»

Rien n'y fit et le petit nuage s'élança vers les sommets. Il était heureux, il regardait les oiseaux, les chamois et s'amusait à frôler les rochers en pensant «tout cela n'était pas bien dangereux».

Mais tout à coup, le vent méchant qui le guettait se mit à souffler et Jérôme se retrouva accroché à un pic. Il ne pouvait se détacher et appelant son cousin Alizé, le petit nuage s'aperçut alors que seul l'écho lui répondait.

Jérôme effrayé, regrettait d'avoir désobéi, mais il était un peu tard! Pendant ce temps, Alizé était allé chercher le papa de Jérôme qui déjà accourait.

Jérôme fut bien vite décroché, mais il avait eu tellement peur qu'il se mit à pleurer très très fort, pendant très très longtemps.

Et c'est ainsi que les pleurs des petits nuages se transforment, pour nous, en pluie...

3 Contes pour les amis de Stéphanie (48).

Lis et relis les contes précédents, laisse-toi imprégner par ce que tu ressens, relis-les, toujours à haute voix bien à ton aise, comme si tu racontais. Mets-y le plus de nuance possible. Fais bien ressentir ce qui se passe.

LE MIROIR

Voici encore des textes.

Tu vas les parcourir une première fois pour avoir une idée du contenu, ensuite tu vas les relire en te plaçant devant un miroir et en essayant de regarder le moins souvent possible ton texte. Essaye donc, à chaque retour au livre, d'emmagasiner le plus possible d'informations.

Fais un concours avec toi-même et avec ton partenaire.

C'est à qui lira le texte avec le moins de reprises. (Recommencer plusieurs fois pour chaque fois diminuer les reprises).

La clé d'or (Grimm) p. 391 (40).

Par un jour d'hiver, la terre étant couverte d'une épaisse couche de neige, un pauvre garçon dut sortir pour aller chercher du bois en traîneau.

Quand il eut ramassé le bois et chargé le traîneau, il était tellement gelé qu'il ne voulut pas rentrer chez lui tout de suite, mais faire du feu pour se réchauffer un peu d'abord. Il balaya la neige, et tout en raclant ainsi le sol, il trouva une petite clé d'or. Croyant que là où était la clé, il devait y avoir aussi la serrure, il creusa la terre et trouva une cassette de fer. Pourvu que la clé aille! pensa-t-il, la cassette contient sûrement des choses précieuses. Il chercha, mais ne vit pas le moindre trou de serrure; enfin il en découvrit un; mais si petit que c'est tout juste si on le voyait. Puis il la tourna une fois dans la serrure, et maintenant il nous faut attendre qu'il ait fini d'ouvrir et soulevé le couvercle, nous saurons alors quelles choses merveilleuses étaient contenues dans la cassette.

« Deux Roses à la Brune rouges sur fond de Lune »
Le manoir des roses (49) p. 313.

Il était une dame en un joli château,
souple comme une lame, aux grands yeux couleur d'eau,
qui chantait ce couplet
lorsque midi sonnait :
« Deux roses à la brune,
rouges sur fond de lune. »

Vint à passer par là un jour du mois de mai,
sur la route poudreuse un galant chevalier
il entendit la dame
qui chantait avec âme :

220

« Deux roses à la brune,
rouges sur fond de lune. »

Mais ne s'arrêta point malgré ce chant si beau,
sur son vaillant coursier disparut au galop
laissant derrière lui
le refrain de midi :
« Deux roses à la brune,
rouges sur fond de lune. »

Car le combat déjà réclamait tous les preux
qui devaient affronter les Rouges et les Bleus ;
en hâte il s'éloignait
du lanciant couplet :
« Deux roses à la brune,
rouges sur fond de lune. »

Et le combat fit rage par monts et par vaux,
du sommet des côteaux jusqu'au bord du ruisseau,
mais quand sonna midi
il entonna pour lui :
« Deux roses à la brune,
rouges sur fond de lune. »

Les Rouges et les Bleus perdus dans la mêlée
le montraient que des heaumes et des souliers dorés ;
à pleine voix soudain
retentit ce refrain :
« Deux roses à la brune,
rouges sur fond de lune. »

Et les heaumes dorés chargeant avec entrain
cette forêt d'épées dressées sur le terrain,
chantaient en tailladant,
haut et gaillardement :
« Deux roses à la brune,
rouges sur fond de lune. »

Au retour s'arrêta près du château joli,
bien que las et défait et tout trempé de pluie,
pour cueillir à midi
un baiser en sursis :
« Deux roses à la brune,
rouges sur fond de lune. »

Elle fut couronnée un jour du mois de mai.
Tout étincelait d'or, l'allégresse régnait,
quand les trompes d'airain
sonnèrent ce refrain :
« Deux roses à la brune,
rouges sur fond de lune. »

L'appel du Hoggar (Carnets Sahariens Frison-Roche « j'ai lu 866 p. 9) (50).

Le gros car bleu est à l'ancre en pleine rue d'Alger. Un véritable cargo mixte. L'avant est aménagé pour une dizaine de passagers. L'arrière est une vaste soute à marchandises. Sur ses flancs, les étapes de sa gigantesque randonnée sont inscrites en lettres noires. Seul, le condensateur d'eau fixé sur le radiateur permet à l'imagination de deviner en lui un coursier du désert. Il y a partout dans les provinces françaises des cars plus ou moins trapus, plus ou moins bleus, ornés d'une frise d'inscriptions...

A l'heure fixée, le chauffeur prend le volant; un homme comme tout le monde, en complet veston et béret basque. Surtout, ne l'imaginez pas coiffé d'un casque colonial, les jambes gainées dans des bottes de cuir fauve, deux révolvers à la ceinture.

Il y a peut-être bien un mousqueton caché quelque part, dans la voiture, mais on ne s'en servira que pour faire de la viande pour la plus grande joie des gardiens des postes.

Choisis quelques textes ou quelques extraits de livres et procède de la même façon... si cela te plaît.

222

LE RÉCITAL

Choisis des poèmes. Prends ton enregistreur. Lis chaque poème plusieurs fois selon ce que tu ressens, essaye de les lire différemment.

(Enregistre ce que tu lis).

Si vous êtes à deux ou à plusieurs, chacun choisis ses poèmes et monte sur scène pour les réciter, éventuellement choisissez un fond musical.

Voici quelques poèmes, si tu veux essayer... L'important c'est que tu les choisisses toi-même au gré de ta sensibilité, au gré de ton plaisir.

Cette année-là, dès novembre, fut bleue de neige, nous sortîmes les traîneaux.
Mon grand-père ne chassa pas. Je portais bonnet de fourrure et bottes de poil.
Ni ne rêvais. Ni n'écrivis. Je fus heureux.
L'ombre scintillait, le vent coulait, sans rives.

Cette année-là, j'ai appris à connaître Dieu
Dans sa beauté, dans sa force
Nous parlâmes des heures sous le tabac blond
Dans les granges que chauffait le bétail.

Lard doucement grillé. Café très noir.
Sommeiller. Passa l'année. S'enfuit le temps.
J'ouvre la fenêtre. Il neige. J'embrasse ma femme.
Mon gosse ruisselle. Souvenirs.

Yves Martin
Poèmes courts suivis d'un long
ed. Guy Chambelland (p. 31).

Bernard Delvaille La nouvelle Poésie française. Anthologie Seghers
L-Z Paris 1977 (51)

Façons de dire.

Aller contre vents et marées.
Remuer ciel et terre.
Avoir le cœur sur la main.

Parler à cœur ouvert.
Faire sécher de la neige au four et la vendre pour du sel blanc.
S'embrasser à bouche que veux-tu.
Aimer à corps perdu.
Prendre les vents au filet.
Avoir un cœur d'or.
Se mettre en quatre.
Arriver comme mar en carême.
S'enfuir à toutes jambes.
Faire danser les cathédrales.
Être heureux comme un poisson dans l'eau.
Autant en emporte le ver⁺
Bon pied bon œil.
Avoir la main heureuse.
En voir de toutes les couleurs.
Oiseau de mauvaise augure.
C'est le cheval aux quatre pieds blancs.
Je l'ai sur le bout de la langue.
Battre la campagne.
Faire les quatre cents coups.
Un cerveau brûlé.
Brûler la chandelle par les deux bouts.
Coûter les yeux de la tête.
Atteler des fourmis à une charrette.
A n'en pas croire ses oreilles.
Perdre la boussole.
A dormir debout.
C'est la mer à boire.
Crier misère.
Se rompre le cou sur un brin de paille.
Chercher midi à quatorze heures.
Être connu comme le loup blanc.
Conter fleurette.
Avoir les yeux plus grands que le ventre.
Faire feu des quatre pieds.
Dorer la pilule.
Écrire à la diable.
Être tout feu tout flamme.
Remuer ciel et terre.
En avoir le cœur net.
Étudier pour être bête.
Donner un coup d'épée dans l'eau.
Vivre comme l'oiseau sur la branche.

224

Être comme une âme en peine.
Perdre la tête.
Atteler la charrue avant les bœufs.
Chercher une aiguille dans une botte de foin.
Être mouillé jusqu'aux os.
Revenir de loin.
Être sous le charme.
Se sentir sur des charbons ardents.
Un homme de paille.
Faire la pluie et le beau temps
Jeter de l'huile sur le feu.
Faire la part du feu.
Retourner le fer dans la plaie.
Jouer avec le feu.
Ne plus savoir sur quel pied danser.
Abattre ses cartes.
Faire les yeux doux.
Mourir à petit feu.
Un coup de tête.
Filer le parfait amour.
Rire aux anges.
Geler à pierre fendre.
Tirer au clair.
Couvrir de fleurs.
Avoir la bride sur le cou.
N'y pas aller par quatre chemins.
Par le temps qui court.
Être comme l'oiseau sur la branche.
Pour les beaux yeux de quelqu'un.
Être dans les nuages.
Prendre la poudre d'escampette.
Loger à la belle étoile.
Rire jaune.
A dormir debout.

Proverbes et dictons
mis bout à bout par Claude Roy (le livre d'or de
la Poésie Française. Des origines à 1940
Pierre Seghers. Marabout 1972 p. 448 (52).

Crée toi-même un poème en partant de l'une ou l'autre des expressions précédentes. Arrange-les.

Complainte de la lune en province

Ah ! la belle pleine Lune
Grosse comme une fortune

La retraite sonne au loin
Un passant, Monsieur l'Adjoint.

Un clavecin joue en face.
Un chat traverse la place.

La province qui s'endort !
Plaquant un dernier accord

Le piano clot sa fenêtre.
Quelle heure peut-il bien être ?

Calme Lune, quel exil !
Faut-il dire : ainsi soit-il ?

Lune, ô dilettante Lune.
A tous les climats commune.

Tu vis hier le Missouri
Et les remparts de Paris.

Les fjords bleus de la Norvège
Les pôles, les mers que sais-je ?

Lune heureuse ! ainsi tu vois.
A cette heure le convoi

De son voyage de noce
Ils sont partis pour l'Écosse.

Quel panneau si, cet hiver.
Elle eût pris au mot mes vers !

Lune, vagabonde lune,
Faisons cause et meurs communes ?

Ô riches nuits ! Je me meurs.
La Province dans le cœur.

Et la lune a, bonne vieille.
Du coton dans les oreilles.

J. LAG
J. LAFORGUE
Le livre d'or de la Poésie Française (52) p. 250

Petits lapons

Dans leur cahute enfumée
bien soigneusement fermée
les braves petits lapons
boivent l'huile de poisson!

Dehors on entend le vent
pleurer : les méchants ours blancs
grondent en grinçant des dents
et depuis longtemps est mort
le pâle soleil du Nord!
Mais dans la hutte enfumée
bien soigneusement fermée
les braves petits lapons
boivent l'huile de poisson...

Sans rien dire, ils sont assis,
père, mère, aïeul, les six
enfants, le petit dernier
bave en son berceau d'osier;
leur bon vieux renne au poil roux
les regarde, l'air si doux!

Bientôt ils s'endormirent
et demain ils reboiront
la bonne huile de poisson
et puis se rendormiront
et puis un jour, ils mourront!
Ainsi coulera leur vie
monotone et sans envie...
et plus d'un poète envie

227

les braves petits lapons
buveurs d'huile de poisson!

G. Fourest (52) p. 271.

Rêverie d'automne

Monsieur le professeur Trippe
a son gibus de poils de lièvre
Et la redingote noire qui se fripe
sous son maigre derrière

Monsieur le professeur est assis
sur le banc vert du jardin anglais
et tourne ses pouces d'encre noircis
sur son gilet usé à ramages violets.

L'automne mélancolique, ce soir,
commence à rouiller les feuilles sans sève :
Monsieur le professeur les regarde choir
une à une, et rêve.

Monsieur le professeur a des lunettes d'or
sur son nez d'une aune,
et des fils d'argent dans ses cheveux jaunes
et multicolores.

Et pourtant monsieur le professeur fut jeune homme
probablement, rose au jabot, sourire aux lèvres :
Mais maintenant monsieur le professeur rêve
et contemple le soir d'automne

Monsieur le professeur songe à madame Rose
Sa ménagère au teint de frais lilas :
Monsieur le professeur rêve et pose
Dans le creux de sa main son front las.

Un espiègle tire son mouchoir à fleurs :
Un air suranné d'épinette s'achève

Au fond du vieux jardin anglais le jet d'eau pleure :
Monsieur le professeur rêve...

T. Klingsor (p. 300), (52).

Je serai avec toi

Anthologie négro-africaine

Quand les étoiles scintillent dans le ciel
Et que la lune baigne la Mer
Du flux d'argent de sa lumière
Je serai avec toi

Je serai avec toi
Qu'il fasse jour ou nuit
Que les cieux
Soient déchirés en deux
Et que les larmes embrument nos yeux

Je serai avec toi
Quand les orages
Soulèvent les lames
Et ploient le saule jusqu'au sol
Et tordent et torturent les hautes herbes
Je serai avec toi
Dans la fournaise ou la tornade

Je serai avec toi
Qu'il fasse clair ou sombre,
Le jour ou la nuit
Quand s'appesantit l'angoisse
Quand tu es loin
ou quand tu es près ;
Je serai avec toi.

Quoique nous soyons séparés
pour bien des jours
où que nous allions
Ne laisse pas les peines de la vie
Mordre sur ton cœur.

229

Je serai avec toi
A travers la gloire ou la calomnie
Je serai avec toi
Lorsque le dernier souffle de vie
s'échappera de mon corps, vieille carcasse
condamnée à pourrir après un mortel combat ;

Quand nous aurons fini notre temps
Et traversé la rivière de la vie
Laissant derrière nous notre or et notre argent
Parents, amis et regrets
Pour rejoindre le souterrain bercail
J't'attendrai encore
Je serai avec toi.

Michael Dei Anang p. 263 (53).

L'Attente

La vieille Dado chantait
comme chantait Coumba Kangado

Si mon mari est parti
Pourquoi je bats le linge
Mon mari est parti
Et pourtant la soupe tiédit
Mon mari est parti
Cependant son chien l'attend
Mon mari est parti
Pourquoi je guette son retour
Et tremble au carillon de midi

Comba Kangado chantait
Comme la vieille Dado

Il n'est pas de soleil qui n'embrasse l'aurore
Il n'est pas de lune qui ne soit blême de peur
Il n'est pas de vague qui n'abreuve le rivage
Il n'est pas de mari qui ne revienne au logis
Et la vieille Dado et Coumba Kangado

230

Espèrent encore le retour du mari
Mort depuis d'autres hivernages.

Malik Fall (Sénégal) (53) p. 328.

Intentions

J'édifierai une cabane
Un ascenseur en coin
Des murs de bouse de vache.
Des tapis de Kairouan
Un salon sept chambres.
Une salle à déguster le caviar.
De l'eau chaude de l'eau froide
de l'eau tiède.
Une cuisinière électrique.
Un climatiseur de palace.

Je raserai toutes les cases.
Alentour
Les tombes, les fétiches le mil
Et le riz.
J'installerai Radio-Luxembourg
A mon pylône de paille
A côté des gris-gris.
Et je te dirai.
Monsieur.
Prenez place
Dans le royaume détraqué.
Des fous du village.

Malik Fall (Sénégal) (53) p. 328.

La femme paresseuse

Jadis vivait une femme si paresseuse qu'un jour elle en mourut. Jamais elle ne lavait la vaisselle ni ne balayait sa maison. Elle ne faisait jamais son lit et aurait passé tout son temps à dormir, dormir et à manger.

Un jour, juste avant le Nouvel An, son mari lui dit :

«Partout ailleurs les enfants sont bien tenus. Pourquoi ne changes-tu jamais les enfants?»

«Si j'avais un morceau d'étoffe il y a longtemps que je les aurais changés» répliqua la femme.

L'homme ne dit pas un mot, alla à la ville et y acheta une pièce de toile. La femme prit l'étoffe, y enveloppa ses trois enfants en un seul paquet.

L'homme voulut les mettre debout, mais ils tombèrent tous les trois sur le sol.

«A la bonne heure! Tu t'y prends vraiment bien avec les enfants! grogna la femme, «tu ne vois donc pas qu'il faut les rouler!»

Le mari ravala sa colère et s'en alla.   Lorsqu'il revint à la maison, il dit : «les autres femmes tricotent des chaussettes pour leur mari, mais toi, tu n'en fais jamais!»

Il y a longtemps que j'ai envie de t'en tricoter, mais je n'ai pas de laine», répondit sa femme d'une voix coupante. L'homme se leva, sortit, et s'en alla jusqu'à la ville? Il rapporta à sa femme un écheveau de laine. La femme prit la laine, l'emporta au temple et l'enroula autour des jambes d'une statue. Puis elle tira sur la laine enroulée pour prendre les chaussettes, mais elle n'y parvint pas. Alors elle rentra sans chaussettes.

«Où sont mes chaussettes?» demanda le mari.

«La statue les a gardées, elle ne veut pas les retirer,» répondit la femme.

L'homme retint sa colère et s'en alla.

Un jour, sa femme décida d'aller rendre visite à sa mère. Le chemin était long aussi son mari lui fit-il cuire un gros gâteau qu'il lui suspendit autour du cou pour qu'elle n'ait pas faim en route.

Quelques jours plus tard, on vit annoncer au mari que sa femme était morte de faim pendant son voyage.

«Comment est-ce possible?» s'écria le mari. «Je lui avais pourtant fait un gros gâteau!»

Et il alla voir la morte. Alors il s'aperçut qu'elle n'avait pas mangé tout le gâteau, mais seulement la partie proche de sa bouche? Quant au reste, il pendait encore à son cou!

Que te dit ce conte?
Que ressens-tu vis-à-vis de la femme, du mari
Comment agirais-tu, qu'aurais-tu dit à la femme,
Qu'aurais-tu dit au mari.

(Contes Chinois (54) p. 164.

GRÉGOIRE ET LE BALLON

Raconte l'histoire en la lisant, mets-y le plus d'expression possible, fais-la vivre.

Un marchand de ballons vendait des ballons. C'était son métier. C'est un beau métier.

Depuis le matin, un petit garçon suivait le marchand. Il aurait bien aimé avoir un ballon. C'était le rouge qu'il voulait.

Or il avait beau retourner ses poches — la droite, la gauche et la droite encore - il ne trouvait pas le plus petit sou, le pauvre Grégoire.

Il continuait de suivre le marchand et le marchand continuait de vendre ses ballons.

Mais il était fatigué. C'était facile à voir : il marchait lentement, le dos voûté, il boitait...

Le petit garçon s'approcha :

— Mon bon monsieur, asseyez-vous sous ce pommier. Je vendrai vos ballons pendant que vous dormirez. Quand la journée sera finie, je vous apporterai l'argent qu'on m'aura remis.

Ainsi fut dit. Ainsi fut fait. Le marchand sous le pommier s'endormit et Grégoire partit.

Il partit tout fier, ce garçon. Il partit le nez en l'air pour mieux voir ses ballons.

Pendant qu'il les regardait, le vent souffla, le ballon rouge s'envola et s'accrocha dans un jardin à la plus haute branche d'un chêne.

Grégoire suivit le ballon, entra dans le jardin. Il s'arrêta au pied du chêne. Il vit alors un petit chat.

Le petit chat aussi vit le garçon... et ses ballons !... Sa queue se mit à bouger, à bouger, ses yeux à briller...

Grégoire trop longtemps avait désiré un ballon pour ne pas comprendre ces yeux-là :

— Tu veux un ballon, petit chat ? Il décrocha le ballon vert, l'accrocha à sa queue.

Et le chat tout joyeux grimpa en gaut de l'arbre, sans dire merci d'aucune manière.

— Bah ! dit Grégoire, j'ai encore six ballons à vendre. Je ne pouvais pas faire payer un chat !

Mais à ce moment-là, pan, pan, pan, sur le nez il reçoit trois glands. Levant les yeux, il aperçut un écureuil qui sautait...

Grégoire trop longtemps avait désiré un ballon pour ne pas comprendre ces sauts-là :

— Tu veux un ballon, Écureuil ?

De branche en branche, en une seconde il fut là.

Le garçon, autour de sa patte, attacha un ballon violet.

Et l'écureuil disparut comme il était venu.

— Bah ! dit Grégoire, je ne pouvais pas faire payer un écureuil !

— Roucoucou, acquiesça le pigeon blanc ! Roucoucou.

— Ah dit le garçon, tu es de mon avis, je suis content !

— Roucoucou, Roucoucou, continuait le pigeon blanc.

Il y avait une prière dans ces roucoulements. Le garçon trop longtemps avait désiré un ballon pour ne pas comprendre cette prière-là ! Autour du cou du pigeon il attacha un ballon blanc.

— Roucoucou, murmura le pigeon, en guise de remerciement, et, à tire d'aile, il s'envola en haut du chêne.

— Bah ! - dit Grégoire, il me reste quatre ballons à vendre ! Je ne pouvais pas faire payer un pigeon !

— Non vraiment ; tu ne le pouvais pas, tu ne le pouvais pas crièrent derrière lui quatre voix claires.

Il se retourna et vit Jean et Jacques, Pierre et Paul qui, le nez en l'air, regardaient ses ballons :

— Donne-moi un ballon !

— On te le rendra !

— Rien qu'un petit moment !

— Juste une minute !

Grégoire hésita. Mais pour un instant ! Ce sont des amis !

— Bleu, jaune, mauve, orange... voici vos ballons ; mais dans une minute, vous m'entendez bien...

Ah ! les brigands ! La ficelle en mains, les voilà partis !

Où donc ? Dans le chêne, bien sûr ! Et de se hisser, et de grimper... Ils sont vite en haut.

Rouge, vert, blanc, violet, jaune, orange. Mauve et bleu, les ballons dansent à travers les feuilles.

Et là-bas, sur la route, le bâton levé, arrive, hors d'haleine, le marchand qui s'est réveillé.

Pauvre Grégoire ! Mon Dieu ! pauvre Grégoire ! Il regarde à droite, il regarde à gauche et d'un bond saute dans l'arbre. Il écoute, le cœur battant, il attend... Il se penche un peu car l'arbre est touffu... et à travers les branches, il aperçoit le nez en l'air... devinez qui ? la plus drôle, la plus gentille des petites filles de la terre, tenant par la main sa maman, la dame du jardin.

— Oh ! que c'est joli, Maman, toutes ces couleurs ! le chênes fleuri !

— Si je savais dit la maman, qui a eu cette idée charmante de décorer mon jardin, si je savais à qui sont ces ballons, je lui donnerais une récompense.

— Ils sont à moi, dit le marchand, tout essouflé, tendant la main...

Le marchand a pris l'argent. Il est parti, bien content.

Mais là-haut, sur les branches du chêne, le chat, l'écureuil et le pigeon, là-haut les cinq garçons étaient plus contents encore.

Et Grégoire, en signe de joie, agitait son ballon rouge.

Pour aujourd'hui et pour demain (p. 90) (55).

L'accent grave

Le professeur : élève Hamlet !
L'élève Hamlet (sursautant) :
..hein..quoi.. pardon.. Qu'est-ce qui se passe.. Qu'est-ce
qu'il y a.. Qu'est-ce que c'est ?..
Le professeur (mécontent) :
Vous ne pouvez pas répondre « présent » comme tout le monde ?
Pas possible, vous êtes encore dans les nuages.
L'élève Hamlet : être ou ne pas être dans les nuages !
Le professeur : Suffit. Pas tant de manières. Et conjuguez-moi le
verbe être, comme tout le monde, c'est tout ce que je vous demande.
L'élève Hamlet : To be..
Le professeur : En français, s'il vous plaît ; comme tout le monde.
L'élève Hamlet : Bien, Monsieur (il conjugue :)
Je suis ou je ne suis pas
Tu est ou tu n'es pas
Il est ou il n'est pas
Nous sommes ou nous ne sommes pas..
Le professeur (excessivement mécontent)
Mais c''est vous qui n'y êtes pas, mon pauvre ami !
L'élève Hamlet : c'est exact, monsieur le professeur,
Je suis « où » je ne suis pas
Et dans le fond, hein, à la réflexion,
Etre « où » ne pas être
c'est peut-être aussi la question.

Prévert J. Paroles p. 56 (56).

Composition française

Tout jeune Napoléon était très maigre
et officier d'artillerie
plus tard il devint empereur
alors il prit du ventre et beaucoup de pays
et le jour où il mourut il avait encore
du ventre
mais il était devenu plus petit.

Prévert (56) p. 178.

Publicité et poésie

Blaise Cendrars (57) p. 25.

La publicité est la fleur de la vie contemporaine; elle est une affirmation d'optimisme et de gaieté; elle distrait l'œil et l'esprit.

C'est la plus chaleureuse manifestation de la vitalité des hommes d'aujourd'hui, de leur puissance, de leur puérilité, de leur don d'invention et d'imagination, et la plus belle réussite de leur volonté de moderniser le monde dans tous ses aspects et dans tous les domaines.

Avez-vous déjà pensé à la tristesse que représenteraient les rues, les places, les gares, le métro, les palaces, les dancings, les cinémas, le wagon-restaurant, les voyages, les routes pour automobiles, la nature, sans les innombrables affiches, sans les vitrines (ces beaux joujoux tout neufs pour familles soucieuses), sans les enseignes lumineuses, sans les boniments des haut-parleurs, et concevez-vous la tristesse et la monotonie des repas et des vins sans les menus polychromés et sans les belles étiquettes?

Oui vraiment, la publicité est la plus belle expression de notre époque, la plus grande nouveauté du jour, un Art.

Un art qui fait appel à l'internationalisme, ou polyglottisme, à la psychologie des foules et qui bouleverse toutes les techniques statiques ou dynamiques connues, en faisant une utilisation intensive, sans cesse renouvelée et efficace, de matières nouvelles et de procédés inédits.

Ce qui caractérise l'ensemble de la publicité mondiale est son lyrisme.

236

Et ici la publicité touche à la poésie.

Le lyrisme est une façon d'être et de sentir, le langage est le reflet de la conscience humaine, la poésie fait connaître (tout comme la publicité un produit) l'image de l'esprit qui la conçoit.

Or dans l'ensemble de la vie contemporaine, seul, le poète d'aujourd'hui a pris conscience de son époque, est la conscience de cette époque.

C'est pourquoi je fais ici appel à tous les poètes : Amis, la publicité est votre domaine.

Elle parle votre langue.

Elle réalise votre poétique.

Comment peux-tu redire le texte en quelques phrases.

Quelle est l'idée principale.

Es-tu pour ou contre la publicité.

ÉCRITURE

Au niveau du mot

LES ASSOCIÉS

Choisis un mot, associe-le le plus vite possible à 10 autres.

Ex. : raisin : vin
              grappe
              verre
              vigne
              sucré
              ......
Tissu : coudre, robe couturière, confection, fil...

LA MINUTE

Vous vous donnez une minute ou plus pour associer un mot à d'autres.

COMPTES A RENDRE

Voici des mots pairés ; étudiez-les de façon à ce que l'un entraîne l'autre.

oiseau - nid

chien - chasse

eau - boire

livre - lire

lit - dormir

oreille - bouteille

seuil - fauteuil

bail - corail

bavard - buvard

offrir - souffrir

rouler - couler

botte - sotte

réveil - sommeil

poule - boule

bouchon - bouteille

couper - couteau

peindre - pinceau

laver - savon

coudre - fil

scier - scie

chanter - voix

marcher - chemin

s'habiller - vêtements

soleil-mer-eau

lune-étoile-nuit

corps-homme-humain

jardin-fleur-arbre

manger-nourriture-bon

arbre-abattre-bois

vêtement-tissu-chaud

sortir-entrer-rester

cacher-chercher-trouver

Attention : voici un mot, si tu as bien retenu, associe l'autre ou les autres (par écrit et le plus vite possible).

chemin

sortir

couper

voix

fil

bouteille

sommeil

lit

eau

nid

si c'est trop difficile voici
seulement une colonne à la fois :

chien

livre

lit

eau

rouler

bouchon

réveil

poule

oreille

seuil

buvard

souffrir

chemin

marcher

s'habiller

coucre

homme

rester

corps

soleil

arbre

bois

238

PÊLE-MÊLE

Voici des mots pairés ou associés.
Étudie ces associations.
Regarde ensuite le mélange proposé et le plus vite possible (chronométrer) reconstitue par écrit les paires.

feu-bois
carte-jouer
forêt-clairière
rouler-couler
campagne-champs
fruit-légume
parler-se taire-écouter
été-automne
hiver-printemps
clé-serrure-tourner

pierre-carrière-bâtir
brique-maison-mur
cabane-châlet-abri
bateau-navire-croisière

fruit bâtir pierre carrière parler bois feu abri
croisière   maison   brique   hiver   automne   se taire   été

fruit bâtir pierre carrière parler bois feu abri
croisière   maison   brique   hiver   automne   se taire   été
champ   bateau   châlet   printemps   serrure   rouler   clairière   mur
jouer   carte   campagne   écouter   tourner   cabane   navire
clé   forêt   couler   légume

rouge vert   confiture compote marmelade
noir blanc   cerise prune pêche
bon mauvais   crier hurler
calme agité   savon mousse laver
vent pluie froid   magasin boutique
cadre rayon roue   acheter payer échanger
guidon vélo tenir   cinéma théâtre tévé
beaucoup peu assez   nuage ombre
bien parfait mal   chaud froid tiède

239

confiture   crier

compote   hurler

noir   assez

rouge   peu

vert   mauvais

froid

agité   calme

blanc   bon

tiède   roue   beaucoup

pluie   vent

tenir   chaud

cadre

vélo

magasin

ombre

rayon

mal

parfait   guidon

bien

laver

prune   nuage

marmelade

savon

cerise

mousse

pêche   T.V.

boutique

payer

froid

acheter   théâtre

échanger

cinéma

SALUT LA PARENTÉ

Voici chaque fois un mot, trouves-en un autre moyennant une opération que tu précises si c'est toi qui écris le mot ou que tu proposes à ton partenaire si c'est à lui à écrire.

Ces opérations sont : ajouter, retrancher une lettre, substituer une lettre.

240

Ex. : ouvrir : + c
     soupe + r
     pompier − i
     cache c remplacé par s

couper	bouton	hôtel
fruit	mère	mince
cochon	mer	pur
partir	étoile	sauver
ménagère	sac	poisson
plaire	malin	prince
mardi	mignon	roi
encre	paire	pourriture
tante	vite	mèche
oncle	toiture	boucler
père	thon	collier
tarte	porte	coiffeur
		meneur

Variante : c'est à qui trouvera le plus vite l'opération à effectuer ou à celui qui opérera le plus d'opérations différentes sur un même mot.

LE MODELAGE

Trouve un mot qui ressemble à...
Dis pourquoi tu trouves qu'il lui ressemble.

Ex. : Pot sot il n'y a qu'une lettre qui les différencie

mots à proposer :
mot
cou
qui
quille
roi
pomme
porte

Continue la série

LA CASCADE

Tu pars d'un mot à parir duquel tu en donnes un autre qui a un élément commun.

jardin
lapin   justifie chaque fois l'enchaînement
sapin
savon
nous lavons
lavoir
bavoir
          etc

LE TIROIR A RANGEMENT

Tu pars d'un mot et tu en retires tout ce qu'il contient.

Ex. : serviette
      servi
      se
      vie
      ri
      sert
      serti
      sertie
      tes
      ters
      reste
      triste
      vise
      viser
      vis
      vise
      veste
      serve
      tes
      rêves etc.

C'est à qui trouvera le plus de mots inclus dans le mot tiroir ou à qui aura le dernier mot...

242

LES PARURES

Trouve des mots en : euil, ail, oin, ien, oi, on etc.
Toujours à celui qui en trouve le plus ou qui trouve le dernier.

LES SENSATIONS

Trouve des mots qui te semblent :

doux
triste
monotone
gai
colérique

Compare avec ton partenaire et justifie ton choix.

LES PRÉFÉRENCES

Écris les mots que tu préfères et dis pourquoi.
Compare avec ceux de ton partenaire.

Écris ensuite les mots que tu n'aimes pas
Dis pourquoi et compare avec le choix de ton partenaire.

Écris les mots que tu trouves :   jolis
                                            amusants
                                            prétentieux
                                            mignons
                                            affreux
                                            etc.

Au niveau de la phrase

LES BRIQUES

Voici un tas de briques ; range-les en justifiant ce rangement.

Ex. : rouler   prairie   voiture   chemin   courir   repas   cheval
Jean   préparer   Marie
   Classement possible : verbes noms

pierre   Pierre   rouge   maison   toit   toi   je   route   petit
vite   épais   Monique   enfant   bébé   marcher   marché   silence
repas   repos   manger   avaler   bière   vin   boire   sucer.

le la mon avion voler champ tempête pluie temps son
être avoir il se laver bague bagages porter beau grand

sont hauts haut plaisir vitesse les nous ils il elle
garde gardien vois rapide gentiment beaucoup peu assez

je nous ma tes tête trains wagons gare train rose
dans sur beau près secoue moi un trois des une

classements possibles : singulier - pluriel
                          masculin - féminin
                          pronoms noms article adjectifs adverbes
                          verbe
                          infinitif et autres modes etc.

ASSEMBLAGE

   Choisis un verbe avec deux noms qui peuvent aller ensemble.

Ex. : rouler voiture chemin

mots proposés
bouchon   bouteille   arbre
pommes   fruit   vendre
cueillir   fermer   dimanche
marchand   magasin   boucher

LES COMPAGNONS BÂTISSEURS

   Choisis dans chaque tas un mot.   Tu assembles ces mots pour en faire
une phrase.

les   avion   survoler   vite   dans   beau   pré
l'   chien   entrer   doucement   sur   gentil   maison

un ciel marcher peu vers grande ciel
des chemins sont autour du beaux nuage
le promeneurs parler beaucoup chez bon jardin

Tu ne dois pas nécessairement employé tous les mots par contre tu peux utiliser plusieurs fois les mêmes mots.

LE FINISSAGE

Complète les phrases de plusieurs façons si c'est possible.
C'est à qui trouvera le plus de façons différentes.

le - chien court - dans le -
les enfants - jouent dans le - près de la -
j'aime - dans l'eau - de la -
chaque - je me -
quelle - est-il?
cette - il a -
si j' - plus - je me -
si j'étais - je en vacances en -
à l' - on étudie différentes -
cette année les - ont été -
quel - as-tu?
j'ai - une - robe au -
cette - lui - bien
les - brillent dans le - , elles sont -
j'aime - la - surtout quand elle - -

Trouve toi-même des phrases à faire compléter par ton partenaire.

LES QUEUES

Achève les phrases en ajoutant un mot.

l'avion vole -
la lune brille -
le chien aboie -
les vacances sont -
l'arbre pousse -
les fleurs sentent -
la pluie tombe -

le garçon parle   -
le soleil est trop   -
il mange   -
ce sirop est   -
maman prépare un repas   -
je lis ce livre   -

PLUS D'UN

Recommence le jeu cette fois en ajoutant deux mots.

AU MOINS TROIS

Tu recommences encore en ajoutant cette fois au moins trois mots.

LE DÉCODAGE

Écris en toutes lettres les annonces suivantes :

appt. mblé tt conf. cuis. sdb. équ. tap. pl. ét.
nf.

Ch. nve mblée tt. cft. chauf. c.

flat mblé pr 1 pers. coin cuis. frig. sdb. dche. chff.
ind. chges loc.

appt. mblé rés. mod. gd liv. s.b. dche. 2wc cav. park.
ter. v. impren. clm. acc. fac.

rez. tte beauté ds bt. gd. st. conv. pr. libér. disp. mars 79
rens. et vis. tél....

Tr. b. terr. à bat. ds lot. sns oblg. tr. résid. calme, bois.
B. ter. plat. s/haut.
coif. dam. à céd. urgt cause dcs.

A céd. b. aff. conf. ling. mais. vend. cse dép.

A vdre cse dble empl. Ford Esc. nve

Urgt à vdre cse dép. étr. 2 cv t. b. ét.

Prends un journal et lis quelques annonces.
Rédige toi-même quelques annonces en abrégé.

LE DÉFRICHAGE

Tu pars d'une photo ou d'un thème.
Chacun à son tour on écrit 6 ou 7 mots concernant la photo ou le thème.
Ensuite on en fait un petit texte ou une phrase.
On essaye d'utiliser tous les mots précédents.

DI. W. 180127. Cse départ vd **belle salle à manger rustique, bureau enfant aca-jou. Tél. le soir ap. 20h. au 283.02.11.**

DI. W. 180128. Cse départ vd. **cuisinière De Dietrich, machine à laver la vaisselle Miele,** coin repas sèche linge. **Tél. 283.02.11.** ap. 20h..

DI. W. 180171. Part. vd **Chambre à cou-cher Moderne** Lit 140 encastre velours violet arm. 4 ptes glace Val. 6.000F. **Vendue 2.000F. 677.66.62.**

DI. W. 180121. Cse départ vds **1 s. à manger** Teck (living-vaisselier-table-6 chaises) **S'adres. M. PINAUD C.** 10 Av. Busteau Bât. A. 372 **94706 M. Alfort Tél. 375.92.20 P. 460** (ap. 18h30.)

DI. W. 180174. **Congélateur Bosch** 330L. état nf **750F. Beau buffet cuis.** Haut + bas **850F. Arm.** 4 ptes + **lit 140 - 400F. Tél. 920.25.76.** ap. 20h.

DI. W. 180160. Vds **chaîne Pioneer** ampli 2 x 25W platine PL 112D casque SE 205 enceintes S.I.S 50W état neuf **Px 2.200F Tél. 883.37.78.**

DI. W. 180214. Vends **Salle à manger Régence** merisier 8 Pièces très belle ébénisterie bahut 130L table 85 x 85 Portefeuille **Tél. 916.04.68** après 19h.

DI. W. 180165. Vends **Chambre** vernis polyester lit 140 armoire à glaces 4 portes 2 chevets **Px 1.200F Tél. 547.48.27** après 18h.

DI. W. 180310. Vd **living** Frêne noir L. 2,50m H. 2m + table 180 + ral. 6 chaises tap. + meu. sol plaf. 3 étag. ver. fumé **Tr. b. ét. 4.500F Tél. 660.67.28.**

DI. W. 180264
REMORQUES BAGAGERES
CU: 200 à 2.500kg depuis
875F + attelage 890.68.39.

DI. W. P. 203.705.
Prêts bancaires 16 à 23% à fonct. et sal. C.I. 118 rue Lafayette **10e - 246.10.50.**

DI. W. P. 204925.
TIMBRES - POSTE
Achète lots collections
Offre. **539.90.01.** le matin.

DI. W. 180503. **Vends ensemble imita-tion Teck.** Living, + table ronde + 4 chaises. Etat neuf. **3.800F. - 630.07.61. Bur. 632.12.86. Maison.**

DI. W. 180508. Vends **canapé** 140 + **2 chauffeuses et un pouf. Style Liberty,** bordeaux et blanc. **Px 1.800F. Valeur 3.500 F. Tél. 686.44.09.** ap. 18h.

DI. W. 180501.
Exceptionnel PIANO
1/4 de queue Gilbert croisées
fer impec. **15.000F.-726.43.74.**

DI. W. 180286. Vds **ampli Pioneer** lec-teur cassette Hitachi platine B.O 2 en-ceintes HRC 2x40W **Px 4.500F** excel-lente qualité **Tél. 508.07.71 - 233.61.32.**

DI. W. 180322. **SALON 4 Pces** 8 chaises. 1 table ronde 1 allonge. 2 ta-bles nuit, 1 lustre, **1 vibro masseur Px à débattre 680.39.91.** HB

DI. W. 180099. Vd cse dép. **Magnif. buf-fet vaisselier L.XVI** chêne des. marbre vitrine biseautée 6 ptes 4 tir Desserte assortie **3.000F. Ecr. jnal**

DI. W. 180121. Cse départ vds : **1 s. à manger Teck** (living, vaisselier, table, 6 chaises). **S'adres. M. PINAUD,** Camille. 10, av. Busteau. Bât. A 372. **94706 Mai-sons Alfort. Tél. 375.92.20. P. 460** (ap. 18h.30).

DI. W. 180065. **Salon angle** 5 places, + 1 **fauteuil,** très bon état. **Px. 2.000F. à dé-battre. Urgent. Tél. 374.30.01.** heures repas.

DI. W. 050163.
PARTICULIER
Serait intéressé par ACHAT ARMES à FEU Anciennes
(Fusils, Revolvers)
Etudierait toute proposition
Ecr. au Jnal qui transmettra

DI. 170531. **Urgent** cse départ vd **1 salon angle «Steiner»** velours bordeaux av. convert parfait état **2.950F 1 armoire** imit. chêne 3 ptes **1.050F Tél. 677.70.79.**

DI. 170388.
Vd **REMORQUE BAGAGERE**
270kg bâche plate **1.395F.**
+ attelage - 890.68.39.

DI. 170377. Vends **piano** 1/4 queue marque USA «Bram Bach» corde croi-sée, cadre fonte, clavier ivoire, coul. foncée B. ét. **11.500F. Tél. 028.23.56.**

DI. W. 170543. **Meuble coiff.** 2 ptes 2 tir av. glace 3 faces bois clair 1 x 0,48 **500F, Gde arm.** fatté chêne clair L. 1,80m **700F, Pendule cuis.** à piles 60F **663.41.59**

247

DI. W. 180318. Particulier vend **Salle à Manger** Régence Merisier massif **Fabrication Artisanale** 9.500F **Tél.** 666 13.47. après 19h

DI. W. 180316. **Manteau Mouton Doré** état neuf taille 46 Valeur 5.500F **Vendu** 3.000F **Tél.** 681.09.77. après 18 heures

DI. W. 180408. Rech. particulier pour lui **emprunter** 100.000F **sur 3 ans intérêt** 15% garanties urgent Tél. 320.64.51.

DI. W. P. 203.217.
Agt de Fabrique vd **ts meubles** (Rustiques, Merisier, **St. Anglais, Mod.** etc...) crédit s/mesure ou 1ère traite 100j. ap. livraison Reprise de vos vieux meubles. **Tél. 283.27.62/883.80.63.**

DI. W. 180343. Vds **cause dble emploi chambre Louis XV** merisier 2 chevets Fabrication Artisanale Patinée état neuf **Px 9.400F** Tél. 548.59.78.

DI. W. 180361. **Salle à manger** Teck **bahut** 4 portes table à rallonges, 6 chaises **Px 2.300F armoire** chêne verni 3 portes **Px 1.300F** Tél. 407.75.05.

DI. W. 180330. **Particulier vend 1 très belle Armoire Louis XV** d'Epoque serrurerie cuivre jaune **et 1 très beau Coffre Haute Epoque** av. sa magnifique serrure, l'ensemble pièces de musée 873.03.63

DI. W. 180305. Vds **Canapé convert.** + 2 **faut.** velours marine 2.000F + **Living** laque N. et B. 1.000F **Tél.** 657.03.464 le soir

DI. W. 180595. **A vendre Robot STECA neuf** sous garantie **Prix intéressant** - **Tél.** apr. 20h - 569.83.19.

DI. W. 180675. Vds **train électrique complet** JEP HO **3 loc. 20 wagons, rail, transfo** parfait état **Px 2.500F à déb. M. LECULEE** Tél. 884.22.59.

DI. W. 180516. A vdre **Chbre à coucher** Moderne av. radio incorporée (lit + armoire) 3.000F porte journaux en fer forgé 100F étagère métal. 50F cuisinière à gaz 3 feux 500F 670.02.83. ap. 18h

DI. W. 180725. **Collectionneur** ch. **cartes postales, pièces, monnaie, billets, timbres, enveloppes anciennes** le mat. et le soir Tél. 028.07.85.

DI. W. 180681. **Secrétaire Restauration** Table à ouvrage L.Philippe **S. à manger L. XV commode Secrétaire XVIII** pendule bronze **XVIII** Tél. 726.26.86 (de préf. le matin)

DI. W. 180515. **Table en verre** fumé av. allonges incorporées et **4 chaises** assorties **2.500F Table roulante** 250F **Table** télép. en verre fumé 400F **Tél.** 670.02.83. ap. 18h

DI. W. 180767. **Cse dble emploi** vd **vélo** mi-course dame 10 vts état neuf **Px 600F** douche pliante av. ts access. et pompe de vidange **Px 1.200F Tél.** 576.16.18.

DI.   170999.
PIANOS
Spécialiste restauration
accords réparations
devis gratuit vente credit
garanties Tél. 886.25.17.

DI.   180411. **Urgt vd Tente Cabanon** 5pl. 900F. **Erka** 275kg **Bache Hte roue secours** 1.700F. matériel nf. 1 rés. du Plessis Lalande **Plessis Trévise**

DI.   170467. **Vds ens. Platine** Télé-funken - tuner 1 gd baffle + meuble rangt. disques blanc - créé par décorateur - **Px.** 1.500F - H.B. 581.12.60. P. 2547

DI.   170491. **A vendre : Beau Secrétaire** Haute époque Espagnole **chêne massif** - état neuf 1.900F - **Tél.** 665.16.06.

DI.   170489. **Vds élém. rangt.** + secrét. bar, lit 90 escam. vitr. teck 4,00 x 2,50 tabl. 120 - 4 ch. 5.000F - **Tél.** 666.21.09. P. 211 - 901.10.13. soir

DI.   170487. **Cause décès vend Chambre à Coucher** 500F - **Cuisinière** à gaz 50F et divers articles ménagers - **Tél.** 546.32.91.

DI.   170480. **Vends Machine à Coudre** ELNA Super automat. parf. état, plus révisée - **Px.** 2.500F - Px. neuve 5.000F - **Tél.** 350.05.02.

DI.   170518. **Vend Encyclopédie** Le Monde Animal - 13 vol. Val. 3.250F **Px. 2.000F à déb.,** - **Tél.** 665.77.31. de 8h à 20h - sauf lundi

DI.   170523. **A vdre table** ronde Contemp., diam. 120cm av. rall. 50cm - plaqué Palissandre de Rio av. 4 chaises ass., - **Px.** 1.500F - Tél. 460.73.53.

DI.   170475. **Part. à Part. collectionneur paie cher, toutes pate de verre, gallé, daum., etc... Poupées** anciennes - Tél. 233.27.74. - 899.75.01.

DI.   170524. **A vdre collection Alpha** «Les Sciences» 21 vol. reliés - état neuf - Val. réelle 3.000F - **Px. 2.000F** Facilités de paiement poss., 460.73.53.

DI.   170546. **Evier 140 s/meuble rob., bureau bibliot.** droit meuble rangt. stratif **Vélo enft.** pliant Ficus magnif. H. 1,50 Tél 661.03.03

DI.   170544.
COMBIEN PAR MOIS ?
Nous vous offrons une opportunité unique. temps part. à vous d'en tirer le maxi. 901.60.78 14-20h

DI.   170493. **Recherche petit Bureau** ancien avec tiroirs et chevet bois clair. Tél. 645.79.98

DI.   170494. **Vends Meuble living** 225x46x132 vitr. secrétaire, 4 tiroirs, 2 portes **Prix 2.000F** Tél. 666.78.66

DI.   170048. **Jne couple ach. 1 salle à manger** Style Henri II ou Campagnard sculptée **Tél.** 992.11.15 - 990.22.80 le soir.

DI.   170007. **Part. recherche Vieilles Poupées** à têtes en Porcelaine **Tél.** 240.61.31.

DI.   170539. **Très beau living** ronce acajou verni état neuf 2,30mx1,50 2.800F **Bureau** méta 350F **App.** photo Polaroid nf 150F **Toile tente** basse 150F **Lustre** entrée 100F 597.06.68.

DI.   180339. **Urgent - part. à part. cherche** 20.000F sur 2 ans - 16% - Ecrire au journal

---

DI.   171109. Vends **bétonnière** à essence 2.200F Tél. 686.21.84 après 18 heures.

DI.   170535. **1 Vélo course** «Mercier» 1/2 course «Peugeot» 1.000F les 2 - 2 **cayak** Poly bon état 800F les 2 - M. GRANET H.B. 665.40.00. dom. 668.05.94.

DI.   P. 204961. **Urgent part. vend magnifique S. de Séj.** compr. 1 bahut bas (2,25) 1 table des. verre 4 chaises - 2.800F - ts les jours 909.27.34.

DI.   171112. **Vente cause départ meuble cuis.** table, petite bibliothèque, grande arm. Val. tot. 2.000F - **Tél.** 668.43.93.

DI.   170529. **Urgent Fonction.** 30a. de **corv. rech. très vite** 150.000F de prêt Rembours. s/48 mois à 30% d'int. - **Tél.** 680.04.93. M. Royer apr. 18h le sam. et dim. tte la journ.

DI.   171118. **Vds S. à Manger** Polyester compl. + **convert.** 2 faut. vel. dralon bleu - **le tout** 6.500F - Tél. 853.35.35. apr. 18h

DI.   170528. **Très bel Orgue** Kimball électron. stéréo - boite à rythmes 2 clav. pédalier **Val.** 24.000F **sacrifié** 8.500F - **Tél.** 680.04.93 apr. 18h M. Royer - ou sam. dim. tte la journée

DI.   171108. **Part. achète meubles anciens** ou **Style même en mauvais état** pour meubler maison camp. **Tél.** 657.14.21 Poste 2431.

DI. W. 180522. **Table de toil. 1900** (dess. marbre) 850F - **Sommier** métal. (s/pied) 1.20 x 1.90m : 150F - **Niche à chien** 0.75 x 1m : 350F - Tél. 681.34.05. apr. 18h

DI. W. 180521. **Mamiya** 645S + viseur pd : 3.200F - **Poignée** 270F **Objectifs** 45mm - 1.500F - 300mm 2.500F - 150mm 1.000F - 681.34.05. apr. 18h

DI. W. 180532. **Vd cuisinière** Brandt. tr. bon état 2 gaz - 2 électr. tour elect. tourne broche, program. chauf. plat **Px. 600F** - Tél. 941.22.08. apr. 19h - 608.90.96. H.Bur.

DI. W. 180520. **Rectifieuse de soupapes** 650F **Portique de levage** 2,20mx2,10m 450F **Volière** de 0,50x0,80x0,36m 150F Tél 681.34.05 apr. 18h

DI. W. 180768. Vds **S. à manger** merisier **Régency** compr. buffet bas 4 portes 240x0,60, Table rect. + 2 rall., 4 chaises cannées Tr. bon état 7.000F Dom 670.38.44 H.B. 295.10.74 urgent

DI. W. 180313. Vend double porte armoire ancienne 500F **Cuisinière** électrique Thermor peu servie 1.000F **Buffet** cuisine formica 100F Tél. 678.25.55. HB

DI.   170412. Vds urgt. **Bateau** avec moteur + accessoires 2.500F - 2 vélos enft. état neuf 50F chacun - **Caniche** à bascule et roulettes état neuf 150F Mme Gineste 14 bis rue E. Zola 94 Villejuif

DI.   170313. **Collectionneur** achète **jouets anciens époque 1900/1940 :** Autos, trains, bateaux, motos etc. Tél. soir 628.76.09.

DI.   170010. **Cuisinière** électr. 4 plaques **évier** inox 2 bacs avec placard 3 portes **frigidaire** 240 L Kelvinator **Px** à déb. Tél. 898.34.90. ap. 20h.

DI.   170214. **Part. rech. livres anciens, modernes, vieilles revues** presses - Mr Langelier Tél. 656.93.28.

DI.   170182. **Vends Magnétoscope** état neuf Pathé Marconi **Prix** 4.000F Tél. 889.24.13.

DI.   170972. **Recherche PIANO** d'étude bon état **Prix intéressant** téléphoner au 898.14.56 entre 19h et 20h.

LE NETTOYAGE

Un typographe distrait a oublié de corriger les erreurs glissées dans ce texte. Corrige-les pour lui.

Il étais un homme donc la femme mourut et une femme dont les mari mourut. Et l'homme avais une file et la femme avait une filles.
Les petite filles se connaissaient et allait se promené ensemble et rentraient ensuite a la maison de la femme.

(Les 3 nains de la forêt Grimm)

Par un matin d'été un petit tailleur assit sur sa table prêt de la fenêtre était de bonne humeur et cousait de toutes ses force.

(Le vaillant petit tailleur)

Préparé une pâte brisée : mètre la farine en tas y creuser un puis. Au centre placé 125 gr. de beure, 1 œuf, un peux de selle. Mélanguer tous ces ingrédients du bou des doigts d'abord au centre du puit ensuite y ajouter la farine.

Depuit toujours le petit âne grit s'était dit :
— Si un jour, en revenent du marché, le père Albert s'endormait...
Ors voici qu'aujoutd'hui à midi, en revenant du marché, s'est arrivé. Voici qu'à midi le Père Albert c'est endormi.

(Nast C. Pour ajourd'hui et pour demain (55))

PORTRAIT

On choisit une dizaine d'images ou on part de dix mots qu'on écrit et qu'on a sous les yeux.

L'un choisit un mot. Uniquement par écrit, l'autre pose des questions en essayant d'adopter une certaine stratégie pour trouver le mot en un minimum de questions.

Ex. : poire   clou   canard   voiture   garçon

Est-ce que c'est un nom masculin ?
Non
(J'élimine alors clou   canard   garçon)
Est-ce que ça se mange ?

etc.

LE TÉLÉGRAMME

Envoie cinq ou six télégrammes contenant le moins de mots possible.
Invente d'abord une série de circonstances.
(Annoncer un retard, une naissance,
souhaiter une joyeux anniversaire,
Envoyer des félicitations...)

Chaque mot coûte 5 francs, c'est à qui économisera le plus d'argent...

TOI ET MOI

On invente une histoire en écrivant chacun un mot.

L'un s'appuie sur l'autre pour faire avancer la trame

Ex. : IL était UNE fois UN tout PETIT pays. CE petit PAYS était ENTOURÉ d'UNE grande FORÊT.

CHACUN SA MINUTE

On invente un texte en dictant à son partenaire pendant 1 minute. La minute passée, l'autre prend le relais et dicte la suite pendant une minute et ainsi de suite.

A titre d'exemple voici un début de texte confectionné de la sorte.

L'armée des chiffres et des lettres.

Il était une fois une armée qui ne s'entendait pas avec une autre. C'était les armées chiffres et lettres.
Les deux capitaines, un jour, se rencontrèrent car ils n'étaient pas d'accord. (1')
Vraiment pas d'accord. Le capitaine des lettres disait : «mon armée est la plus forte.
— L'autre répondait : ce n'est pas vrai, c'est la mienne» (1').
Pendant des jours et des jours ils se disputèrent puis le général en chef des chiffres vint et dit : (1')...

LE DUO

On réalise un poème à deux en écrivant chacun à son tour une ligne.

Ex. : le bateau vogue sur l'eau
il monte, il descend, il remonte haut
vive mon beau bateau

les vagues le lèchent
jamais ne se sèche
toujours plus vite, toujours plus loin
il dépasse les trains

la brume le cache
et le vent le chasse
la bise le glace
jamais ne trépasse.

LE DICTIONNAIRE

(A jouer à plusieurs de préférence).
On prend un dictionnaire. On choisit un mot inconnu des autres.
Chacun en donne une définition par écrit.
On rassemble les différentes définitions.
La personne qui a choisi le mot lit définition par définition. Après la lecture de l'ensemble des définitions on vote pour savoir où est la bonne.

Variante : prendre un mot plus ou moins inconnu, demander à chacun ce qu'il croit que c'est en en donnant une définition.

Quelques mots : gyroscope
grimaud
sarcelle
prisme

L'AIDE A L'ÉTRANGER

On choisit chacun à son tour un mot, on imagine qu'on doit l'expliquer à une personne qui ne connaît pas bien le français et qui ne sait pas ce que ce mot signifie.

Choisir des mots très simples au départ comme table, livre...

PHOTOLANGAGE

On recourt à une série de photos (58).
On les classe par thèmes en justifiant par écrit.
On choisit celle qui plaît le plus, ou le moins (justifier par écrit).
On choisit celle qui inspire le plus et on en fait un texte.
Choisir 2 ou 3 photos et en faire un texte cohérent.
Offrir 1, 2, 3, 4 photos à un autre qui doit en faire un texte cohérent.
Donner un titre à chaque photo.
Donner plusieurs titres.

LES DIAPOS

On montre chaque diapositive pendant 15 à 20 secondes.
Chacun synthétise chaque vue par un mot, un titre.
On compare les titres en les justifiant.
Variante :
Pour chaque photo chacun propose le plus de titres possible.

LES DIAPOS-RÉCITS

On propose plusieurs diapositives.
L'objectif est d'établir un récit cohérent à partir de diapositives qui n'ont pas nécessairement un lien entre elles.

LES SENTIMENTS

On présente une ou plusieurs photos (photolangages) (58).
Chacun exprime par écrit ce qu'il ressent, il exprime par un mot d'abord le sentiment dominant dans lequel il est plongé à la vue de la photo ensuite il justifie le sentiment par une ou deux phrases.

LA MUSIQUE

On part d'un enregistrement musical.
On l'écoute une première fois.
Au fur et à mesure ou à la fin de l'émission on exprime en mots ce qu'on sent, ressent, ce que la musique évoque.
On écoute une 2, 3, 4e fois
Après chaque audition on exprime ce que l'on sent, ressent ce que la musique évoque.
On échange ensuite ce que l'on a écrit.

ADAPTATION MUSICALE

On écoute un enregistrement musical.
Celui-ci va servir de fond à un texte, un poème, un conte, un reportage...
— Que l'on emprunte
— Que l'on crée soi-même.

ÉCOUTE LE SILENCE

On s'installe le plus confortablement possible on ferme les yeux pendant 5 à 10 minutes (temps à convenir) on se recueille en essayant d'écouter ce qui se passe autour de soi et en soi.
Chaque fois que l'on « entend » ou que l'on rencontre quelque chose, un sentiment, une sensation, un bruit, un mouvement, une parole... On l'exprime comme cela vient, par un dessin, un mot, une phrase...
On peut éventuellement s'installer en formant un cercle, on dépose une grande feuille par terre au fur et à mesure de son inspiration, chacun remplit la feuille. (Où, quand et comment il veut).

LES MESSAGES

On prend une grande feuille (papier à dessin)
On s'assied en cercle.
Celui qui veut dessine ou écrit quelque chose sur la feuille.
Un autre enchaîne, un 3ᵉ à son rythme.
La seule consigne est que chacun s'appuie sur la production du précédent pour poursuivre soi-même sa création.

LA PISTE

Toujours sur une grande feuille
L'un écrit un mot, une phrase
Le suivant part de ce message il trace une flèche vers un autre message (mot, phrase et ainsi de suite).

j'aime
     jouer

                         avec toi

         moi aussi

                                à quoi veux-tu jouer

               décidons

LA TRAME

Ce jeu se prête particulièrement à sa réalisation en groupe.
Chacun à son tour on invente des personnages.
Quelqu'un prend note et on répond aux questions suivantes.
On rassemble toutes les idées puis on se met d'accord pour rédiger un scénario.

Questions à proposer :
Le ou les personnages
Qui va être le personnage principal
Comment est-il

(Age, profession, ... caractère)
A quoi aspire-t-il ou qu'est-ce qui ne va pas pour lui
Que décide-t-il de faire
   Comment va-t-il le faire
   Qui rencontre-t-il
   Que rencontre-t-il
   Où va-t-il
   Que lui arrive-t-il
   Comment s'en sort-il
   Comment cela se termine-t-il
   Quelques années plus tard...
   Le scénario brossé on réalise soit un dialogue destiné à une pièce
de théâtre, soit un conte ou un roman, soit une bande dessinée.

LES MIMES

Chacun imite un métier, une situation, raconte une histoire (sans recourir
à la parole).
Les autres écrivent ce qu'ils voient et imaginent ce qui est représenté.
A la fin du mime on compare les versions et on discute.

LES JEUX DE RÔLE

Imagine une série de faits de la vie quotidienne et joue-les.

— Une panne d'automobile
Je réclame
On a volé mon vélo
Je reçois un cadeau inattendu
Une leçon de français.

Imagine une série de situations que tu voudrais vivre.

LES POURQUOI ET LES PARCE QUE

Imagine une série de pourquoi.
C'est à qui trouvera (oralement ou par écrit) le plus de réponses et les
réponses les plus originales.

Ex. : pourquoi y-a-t-il du vent ?
      pourquoi les chiens ont-ils une queue ?

IL SUFFIT DE --- POUR

Imagine une série de situations où tu peux dire il suffit de   pour.

QUE PEUT-ON FAIRE

Imagine tout ce que tu peux faire (ou pourrais faire) avec une série d'objets que tu proposes.

Ex. : avec une allumette
       avec une pomme
       avec du fil

LES COMMENT

Imagine une série de comment.

Comment améliorer la circulation
Comment ne plus fumer.
Comment apprendre à lire.

LES QUAND

Imagine une série de quand.

Quand je serai grand.
Quand ce sera la fin du monde.
Quand je travaillerai.
Quand...

LES SI

Imagine une série de si et leurs conséquences.

Si... avec être, avoir etc.

POUR OU CONTRE

Choisis une série de sujets et organise un débat en préparant — par écrit ? — les arguments pour et les arguments contre.

Pour ou contre le tabac, les grands ensembles la mode, les espaces verts, les voyages etc.

LES CHOIX

Chacun à son tour dit (l'autre écrit) ou chacun écrit pour soi : les :

5 pays où il préférerait : voyager
                            habiter

5 métiers qu'ils préférerait exercer.
5 couleurs qu'il préfère.
5 époques de l'histoire.
5 qualités préférées qu'il voudrait posséder ou qu'il possède.
5 défauts les plus détestés.
5 loisirs.
5 plats ou desserts.
5 héros ou types de héros qu'il préfère ou qu'il préférerait être.
5 titres de livres.
5 contes
5 fleurs
5 animaux qu'il préfère ou préférerait être.
   Etc.

OPÉRATION SURVIE

Voici une situation dramatique.
Comment faire ?
A chacun d'imaginer ses réactions, de donner ses propositions.

Un soir d'hiver, vers 5 heures, il fait noir, je marche sur le trottoir, : quelqu'un passe en auto et m'enlève. J'assiste à un enlèvement.

Autre drame :

A la suite d'une tempête un bateau sombre. Plusieurs passagers ont disparu, je suis rescapé avec quelques autres sur une île inconnue qui semble déserte.

Nous avons quelques objets avec nous, de plus la mer a rejeté quelques caisses contenant :

Imagine les objets que nous avons avec nous selon qu'ils te semblent indispensables.

Imagine le contenu des caisses selon le caractère indispensable des denrées ou autres matières.

Autre version :

Les objets que nous possédons sont :

Une boussole, un canif, une pile électrique, un rasoir, une boîte de thé, un parapluie, un paquet de sel, une bouteille de rhum, un briquet.

Imagine toi-même d'autre drame à dédramatiser.

LES DÉBATS

Organise un débat sur ce que c'est que « lire »
Les conditions à réunir pour apprendre à lire
Comment y parvenir

A quoi cela sert-il ? Est-ce vraiment nécessaire ?
Qu'est-ce qu'écrire
A quoi cela sert-il ?
Peut-on imaginer une époque où on n'apprendrait plus à lire ni à écrire ?
Est-il plus important de lire ou d'écrire ?

QU'EST-CE QU'UNE RÉÉDUCATION DU LANGAGE ÉCRIT ?

Comment vis-tu cette rééducation

Que représente pour toi le rééducateur
Imagine que tu apprends à lire à un enfant
Comment ferais-tu
Que lui dirais-tu
Imagine que tu apprends à écrire à un enfant
Comment t'y prendrais-tu ?
Un enfant n'aime pas lire ni écrire, que lui dis-tu ?

AFFICHES ET PUBLICITÉ

C'est à qui relèvera le plus possible (de mémoire ou en allant à leur recherche dans les rues, le métro, les gares...) de textes se rapportant à l'une ou l'autre publicité.

Faire également un relevé dans les journaux et magazines
à la radio et à la télévision
au cinéma.

Discuter sur ce qui vous a frappé
Quel genre de texte revient le plus souvent.
De quelles images ou photos vous souvenez-vous.

Inventez vous-mêmes des dessins, des textes pour tel ou tel produit, tel ou tel voyage, parti,

Pour vanter l'école, la lecture, l'écriture...

SANS DOUTE

Sans doute faut-il tous ensemble guérir de l'école, c'est-à-dire de ce besoin de l'institution, de ce danger qui consiste à remplacer un système jugé mauvais par un autre jugé meilleur, mais tout aussi « système » tout aussi immuable et vite condamné à la rigidité... »

NATANSON M. (59) p. 100-101.

ET SURTOUT

La valeur de toute expérience thérapeutique réussie, dépend à mon sens, de l'équilibre qui doit être maintenu entre ce que le sujet apporte aux séances et ce qu'il en retire...

DIBS (50) p. 64.

Surtout, surtout, surtout...

Qu'il advienne le plus beau : « je n'avais plus besoin de les motiver, plus besoin de les érotiser, de tendre leur désir d'écrire, ce plaisir maintenant naissait de soi en eux, il leur appartenait. »

E. BING (3) p. 283.

Délier les ailes, offrir les espaces infinis fût-ce au risque de frôler l'extrême, pénétrer dans le labyrinthe et s'y éprouver jusqu'à la sortie était essentiellement tenter de délivrer de la parole anodine, délivrer la part maudite ou sacrée de l'écriture, délivrer de l'incarnation.

Franchir la porte vers un dehors ignoré que ce soit pour nommer une réalité innombrable ou susciter la voix d'un ailleurs onirique déclenché par le mythe, la déambulation des plumes sur la page est errance de l'enfant à la recherche de soi. Rendre essentiel le jeu de l'écriture et rester à la vigie dans ce trajet, immuable présence, ouverture et lecture, lieu où l'on peut toujours s'arrêter, apporter le texte et le travailler, l'épingler enfin au mur et ce tribut à soi-même payé... repartir pour éprouver de nouveaux pouvoirs.

E. BING (3) p. 252.

Et qu'enfin il n'y ait plus ni bons ni mauvais élèves (61) mais simplement des Adultes gagnants.

Dans une relation éducative réussie (63).

BIBLIOGRAPHIE

(1) CARE J.M., DEBYSER F. : *Jeu, langage et créativité*, coll. «Le Français dans le monde », Hachette-Larousse, Paris 1978.

(2) VATTIER G. : *Dis Monsieur, est-ce que tu es un adulte ?* Privat, Paris 1975

(3) BING E. : *Et je nageai jusqu'à la page*, Édit. des Femmes, Paris 1976.

(4) PAGES M. : *Le travail amoureux*, Dunod, Paris 1977.

(5) BERNE E. : *Des jeux et des Hommes*, Stock, Paris 1964.

(6) BENTOLILA A. : *Recherches actuelles sur l'enseignement de la lecture*, Act. Pédag., Retz, Paris 1976.

(7) CHARMEUX E. : *La lecture à l'école*, 2= éd., Éd. Cédic, Paris 1975.

(8) COHEN R. : *L'apprentissage précoce de la lecture*, P.U.F., Paris 1977.

(9) FOUCAMBERT J. : *La manière d'âre lecteur*, Sermap, Paris 1976.

(10) LENTIN L. : *Du parler au lire, tome 3* ESF, Paris 1977

(11) LOBROT M. : *Lire OCDL*, ESF, Paris 1973.

(12) RICHAUDEAU F. : *Méthode de lecture rapide*, Coll. Savoir communiquer, Retz, Paris 1977.

(13) REMOND G. - RICHAUDEAU F. : *Je deviens un vrai lecteur*, Retz, Paris 1978, de 9 ans à 11ans.

(14) FREINET C. : *La santé mentale de l'enfant*, FM/Petite coll. Maspero, 205, Paris 1978.

(15) CHASSAGNY Cl. : *Pédagogie relationnelle du langage*, PUF, Paris 1977.

(16) BENSAAD N. : *La consultation*, Merc. de France, Coll. en Direct, Paris 1974.

(17) HARRIS Th. : *D'accord avec soi et avec les autres*, Épi Trad. de l'anglais par M- Th. d'Aligny, Paris 1973.

(18) ROGERS C. : *Le développement de la personne* , Paris, Dunod 1970.

(18b) ESTIENNE Fr. : *L'enfant et l'écriture*, Coll. « Pour mieux vivre 44 », Éd. J.P. Delarge 1977.

(19) HAMELINE D. - DARDELIN M.J. : *La liberté d'apprendre*, Situation II, Coll. « Points d'appui-éducation », Éditions Ouvrières, Paris 1977

(20) PAGÈS M. : *L'orientation non directive en psychothérapie et en psychologie sociale*, Dunod 4, 2e Éd., Paris 1970.

(21) LAPIERRE A.- AUCOUTURIER B. : *La symbolique du mouvement*, Épi, Psychomotricité, éducation 1975.

(22) WATZLAWIK P. - WEAKLAND J. - FISCH R. : *Changements, paradoxes et psychothérapie*, Éd. du Seuil, Paris 1975.

(23) GORDON Th. : *«« Parents efficaces » une autre écoute de l'enfant*, Intervalle/Fayolle, Paris 1978.

(24) ROGERS C. : *Les groupes de rencontre*, Trad. Fr. 1973, Paris Dunod.

(25) DE PERETTI A : *Pensée et vérité de Carl Rogers*, Nouvelle recherche. Privat. Paris 1974.

(26) ROGERS C. : *Liberté pour apprendre*, Sc. de l'éducation 5. Trad. de D. LE BON, Dunod, Paris 1972.

(27) TAJAN A. - VOLARD R. : *Le 3e père*, P.B.P. 213, Paris 1973.

(28) ESTIENNE F. : *Lecture et Dyslexie*, É. J.P. Delarge, 2e Éd., 1975.

(29) ESTIENNE F. : *Langage et Dysorthographie*, Éd. J.P. Delarge, 1973.

(30) WILLEMS G. : «*Aspects neuro-pédiatriques des troubles de l'apprentissage*, Ass. Belge de Parents d'enfants dyslexiques et dysorthographiques, sept. 1978.

(31) DEBRAY-RITZEN P. : *Lettre ouverte aux parents de petits Écoliers*, Coll. Lettre ouverte, Albin Michel 1978.

(32) FLAGEY D. : *L'évolution du concept des troubles instrumentaux*, Psych. Enfant XX, 2, 1977, 471, 472.

(33) DUSAY J.M. - STEINER Cl. : *L'analyse Transactionnelle*, Trad. G. et G. BURTON, Psychothèque, Éd. J.P. Delarge, éEd. Univ. 1976.

(34) SARTON A. : *Ma rencontre avec l'A.T.* Psychologie, mars 1977, N° 86, p. 51-57.

(35) JAOUI GYSA : *L'Analyse Transactionnelle en France*, Psychologie N° 96, janv. 78, p. 52-58.

(36) JAOUI GYSA : *Le triple moi*, R. LAFFONT, Coll. Réponses, Paris 1979.

(37) JAMES - JONGEWARD : *Naître gagnant*, l'A.t. dans la vie quotidienne, Inter éd. 1978.

(38) BERNE E. : *A.T. et psychothérapie*, P.B.P. 330, Éd. Scient. E.P. 1971.

(39) BERNE E. : *Que dites-vous après avoir dit bonjour?* Tchou 1977.

(40) JAMES M. : *Le nouveau jeu des Familles*, A.T. pour jeunes parents, Inter Éd. 1979, trad. de l'Américain par L. Hawker.

(41) ANZIEU D. : *Psychanalyse du génie créateur*, Paris, Dunod 1974.

(42) TOMATIS A. : *Éducation et dyslexie*, E.S.F. 1972.

(43) ANDERSEN : *Contes Garnier Flammarion 230*, texte intégral 1970.

(44) SEMPE-GOSCINY : *Les récrés du Petit Nicolas*, Folio Junior 47, 1961.

(45) GUILLOIS M. et A. : *L'école du rire*, Fayard 1974.

(46) GRIMM : *Contes*, Préf. Marthe Robert, Folio 840, 1976.

(48) CODERCH Ph. : *Contes pour les amis de Stéphanie*, Prod. Ariane Segal, Distrib. CBS disques.

(49) DUVEAU M. : *Le manoir des roses*, Le livre d'or de la science-fiction, l'épopée fantastique, Anthropologie réunie et présentée par M. DUVEAU¿ Press Poscket 5035, 1978.

(50) FRISON-ROCHE : *Carnets Sahariens*, Coll. J'ai lu 866, 1965.

(51) DELVAILLE B. : *La nouvelle poésie française*, Anthologie, Éd. mise à jour, A-K vol. 1 : L-Z vol. 2 SEGHERS, Paris 1977.

(52) SEGHERS P. : *Le livre d'or de la poésie française des origines à 1940*, P. MARABOUT Univ., 1972.

(53) KESTELOOT L. : *Anthologie négro-africaine*, Marabout Univ. 129 p., 1976.

(54) STOVICKOVA D. et M. : *Contes chinois*, Gründ, Paris 6e d. 1977.

(55) NAST C. : *Pour aujourd'hui et pour demain*, F. Nathan, Paris 1956.

(56) PRÉVERT J. : *Paroles*, Livre de poche 239, Libr. Gallimard, 1949.

(57) ARANBOUROU Ch ; — TEXIER F. — VANOYE F. : *Guide de la contraction du texte*, Faire le point N° 7 Class. Hachette, 1972.

(58) BANIN P. - BAPTISTE A. : *Photolangage Chalet 1972-1974*, Séries 1,2,3,6, 11 valeurs en diuscussion.

(58b) BAPTISTE A - BELISLE Cl : *Photo méthode-chalet, 1978.*

(59) NATANSON M. : *Guérir de l'école*, Cerf., 1973.

(60) AXLINE Dr. V. : *Dibs*, Champs Flammarion 16 Paris, 1967, read. de l'américain par H. SEYRES.

(61) REPUSSEAU J. : *Bons et mauvais élèves*, Orient. E3, Casterman 1978.

(63) POSTIC M. : *La relation éducative*, PUF 1979.

Ce livre était déjà sous presses quand ont paru les ouvrages suivants qui sont d'une telle richesse, à divers titres, que je ne résiste pas au plaisir d'en faire part au lecteur :

CASTETS B. : la quête de l'autre — Pédagogie Psychosociale 37/Fleurus, 1980.

GUIBERT P. — VERDELHAN M. : écrire et rédiger à l'école — préface de L. Lentin — E.S.F., 1980.

HALEY J. : Nouvelles stratégies en thérapie familiale. Thérapies — Delarge, 1979.

LEMAY M. : J'ai mal à ma mère — approche thérapeutique du carencé relationnel — Pédagogie Psychosociale — 35/Fleurus, 1980.

MUCCHIELLI A. : Domaine et frontières des rééductions en tant que thérapies spécialisées de l'enfance — Thèse présentée devant l'université de Paris X le 20 janvier 1978. Diffusion Libr. H. Champion, 7, quai malaquais, Paris, 1979.

MUCCHIELLI — BOURCIER A. : Educateur ou thérapeute — Une conception nouvelle des rééducations — E.S.F., 1979.

NAPIER A. — WHITAKER C. : le creuset familial (coll. Réponses). R. Laffont, 1980.

PÉDAGOGIE FREINET : pour une méthode naturelle de lecture en collaboration par des enseignants Freinet — Institut coopérat. de l'école Moderne Coll. E3, Casterman, 1980.

WATZLAWICK P. : Le langage du changement — éléments de communication thérapeutique — Seuil, 1980.

juin 1980

Achevé d'imprimer en octobre 1980
sur les presses de l'imprimerie Laballery et C^{le}
58500 Clamecy

Dépôt légal : 4ᵉ trimestre 1980
Numéro d'éditeur : 932
Numéro d'imprimeur : 19260